青

青春是一去不返的江河

《作文与考试》杂志社 选编

时代文艺出版社

图书在版编目（CIP）数据

青春是一去不返的江河 /《作文与考试》杂志社选编. — 长春：时代文艺出版社，2021.3
（青少年校园美文精品集萃丛书. 青春伴读系列）

ISBN 978-7-5387-6573-1

Ⅰ. ①青… Ⅱ. ①作… Ⅲ. ①作文 – 中学 – 选集 Ⅳ. ①H194.5

中国版本图书馆CIP数据核字（2020）第260434号

出 品 人 陈　琛

产品总监 邓淑杰

责任编辑 李荣鋆

装帧设计 孙　利

排版制作 隋淑凤

青春是一去不返的江河

《作文与考试》杂志社 选编

出版发行 / 时代文艺出版社

地址 / 长春市福祉大路5788号　龙腾国际大厦A座15层　邮编 / 130118

总编办 / 0431-81629751　发行部 / 0431-81629755　北京开发部 / 010-63108163

官方微博 / weibo.com / tlapress　天猫旗舰店 / sdwycbsgf.tmall.com

印刷 / 三河市嵩川印刷有限公司

开本 / 880mm×1230mm　1 / 32　字数 / 135千字　印张 / 7

版次 / 2021年3月第1版　印次 / 2021年3月第1次印刷　定价 / 36.00元

编　委　会

Contents
目 录

寻找童心

青春是一去不返的江河

童年的阶梯

光影微尘

倾听爱的声音

青春是一去不返的江河

在岁月的长河里等待花开

寻找童心

听 月

张瑞琦

月，是我独语的灵魂，夜色中沉默的灵魂。

夜幕一坠，那秋水一般的月，应软软溅入心底、写入淡然的画了吧？继而又会沉下缕缕孤零，风华斜映，总会弥漫着寒蝉凄切、回风舞雪的意境，一种不忍触及的风情……

这悄悄甜甜的夜，淡淡幽幽的月。

这沉淀在依依素影里的月，古往今来，即便是失落般的惨淡，却总能让人感动得心碎。一丝丝羞怯的娇柔，在烟水里被淡淡地打碎，散落满地锦香，纵有夜偏冷，风偏淡；倚槛纱暗、雾色醉晚……也难锁那不禁留芳的况味，更不说那古来多少墨客的描绘了。还有，那般满江长叹声的娇月，又怎能少了一抹酥雨的淡妆？雨如秋，月如钩，帘轻摆，夜轻来。更不知，多少的南亭畔的兰舟，哭过了北阁的斑斑夜迹？多少凝凝簌簌的娇月，看花了花边撑伞纵歌的泪眼？这般看来，月如蓬莱乱烟般可看。

但于我，月更似《阳春》《白雪》般可听。

听月，听那沉默的声音。月的声音是极静的，宛如隐隐独语。当一切充斥于耳的繁华、整饬于心的喧嚣遁入月时，便全如游子深情的想念，褪下寒碜、抖落冗余，都将热烈的声浪遗在远处，只剩下蒙蒙的清纯，在月的声音里，万籁俱似韶华淡逝过古道，又似梅残玉餍香犹在。总之，不是疏雨滴梧桐的冷寂，也不是骤雨打新荷的凄楚，月的声音是一瓢陈年的清酒，淡泊、银碧，又像是冷冷曳动的清秋，涓涓潺流的弱水。如此，月的声也并非无言。

两轮日月，来往如梭。古时良辰美景的虚设，至今已是一挽黯淡的珠帘。锁窗风雨、香销烛暗、淡月昏黄，淹没了多少数不尽的绵绵夜？月娓娓的呢喃，又沉淀了多少老去的年华？月出惊梦，谁又在月宫咏叹着灿烂，打着星点的灯火，用月色漾下一方古琴，对着暮霭沉沉，诉说衷情？

听，那月光流淌过朱雀桥边野草花，留下音律悠扬的尾迹，轻吟出一首情意绵绵的古曲。此时，在朱雀桥下、野草花荫中摆上了几碗净水，不管那雨昏、花落，你只管闭目凝听，听月斜映在柔柔水波时那沉默的却又晶莹的声音。水是最动人的乐器，月是最感人的旋律，二者细细相融，雕饰着夜的点缀，即便是葬花墓旁那憔悴的啜泣，也难美过这月过风铃似的软语。任这般纯净的声音，流过心间，让心绪如水月洞天般空灵，又如大笔一挥般洒脱——这幅画面，想必是上了旧朝的山水画了吧？

肩膀披着月华，漫步过江南小雨后的小巷。听脚步声在两侧的颓壁上互相碰撞，活泼地叮咚，发出轻烟似的声音。此时，又有一缕浓浓的月色从云脚滑落，在雨后的小道上敲打着缀满青苔的砖石，与脚步声应和着歌唱。听那雨巷里的月，不仅是听音韵的阴晴圆缺，更是聆听那白发蹉跎的古镇的心境。沧桑也罢，疲惫也罢，就当是巴特农式的斑驳，已然没落，何必再寻如弦奏起又会消瘦的阑珊灯火？只求有月色微明走过。

听月，听那沉默的声音，月中灵魂独语的声音。月终将归去，总是凄凉意，但月又将重回，破晓时的浪漫也无法阻挡月的声音沉默在耳畔。任夜色苍茫，只是做了月的陪衬，若是有一天无法听到月的沉默的声音，只看见她在渺茫、苍凉的天宇中皎洁、绽放，那将是一个灵魂的升腾，升腾在无边无际、无始无终的花海……

月亮舒眉了，听。

榕·蝶

郑思思

我天马行空的画作，在榕树下，那棵坐落后山脚的树。

夜色撩人，我又一次迟迟无法入眠。窗棂染了几分夜的色泽，倒映出后山那棵榕树的轮廓。我蹑手蹑脚地起了床，估量着动作的声响偷偷爬出窗，光着脚来到那棵榕树下。星星不见了，仿佛星星们的光彩全被它剪了去，羞得一颗也不露面，它抹着星空的妆颜，低头向我问好。我抬起手，一点儿一点儿临摹着它的样子，在起承转合间竟让我有了细微的温暖，仿佛多描一道影就多卸去一分孤独。

我在榕树下做了一个和蝴蝶手搭着手一起跳舞的梦。

正是那时起，绘画这只飞舞的蝴蝶，擦亮了我的星空。

孤独，像一席潮湿的棉被，揎掇于父母出差的日子。

于是我常跑到后山脚的榕树下作画，我们一见如故，它像是一位自久远年代来的朋友，用满眼的绿填满我的视野。我的笔下吹出绘画的泡泡时，它便不时借风把须根扬起，仿佛在探头观察我的作品。

我走在回家的街道上，空气里满是潮湿、黏稠的气息，大概连我的一呼一吸都被揉进去了。这样的天空是有边际的，伸手就触摸得到乌云冰冷的脸。

我望着窗前的那棵榕树，风从街角处奔涌而来，满树的风声……

我默默无言地坐在榕树下，它也安静地不说话。我执笔沉思，铅笔在纸上开裂成一瓣一瓣细小而杂乱的花。我不忍去想象父母愈加显老且黯淡的容颜，皱纹深深地扎根，时空的湖泊湮没了他们旺盛的火苗。

成为画家没有出路？

如果画家没有出路……

"嗒"——我的决定做好了，在铅笔笔尖断裂的刹那诞生。

榕树那飘拂的须根被风吹得乱七八糟，胡乱叠加着，拼成的形状竟如一团化不开的乌云。

回了家，锁了装满画作的书柜，窗外是满树的风声，榕树似在狂吼，那纠成一团的须根还没解开，它束手无策。我看到，仿佛有扇大门被强风猛地关上，蝴蝶的影子也远去……

多年后，我是学校里的好学生，站在初三的门槛里，老师眼中的好学生，家长心里的好女儿，同学眼中仰视的优等生——却已数不清多少美好的年华被啃食了。

回到老屋整理旧物，曾经的画作依然如故，它们一直没有改变，只有它们的主人变了。眼前忽然浮起几道光痕，划过的同时已然泯灭。有一些给旧友画的肖像栩栩如生，我的脑海仿佛电影倒带般，描出一只蝴蝶的形状。

对旧友的想念忽然如泉般汹涌，我往窗外望去，眺望见的却是光秃秃的路面。

原先撑起成千上万树根的土地，如今唯有一条曲曲折折看不见尽头的公路，我的眼前只剩这条往远处不断蜿蜒的公路。那棵原本应该在这好端端的榕树，在这十几载春秋的轮回里，随着时光一哄而散了。

三三两两的私家车飞快驶过，汽车的尾气不浓不淡地做了装饰，给这条路添了点儿灰暗的烟火气。

我终于明白，梦里翩翩飞舞着的蝴蝶，扇不动翅膀了。

你的耳朵睡醒了吗

王金凤

习惯了每天挺直腰板听课，每晚伏案奋笔疾书，我们每一根情感的神经和每一个思考的细胞，几乎都被毕业班的战火硝烟彻底浸没了。充塞耳鼓的都是老师的谆谆教导与父母的苦心叮咛，除此以外，仿佛进入一个无声的世界，听不到日照花开的声音，所见都是彼此追赶的狰狞。于是，没有谁再为了一朵花的凋零而悲戚，没有谁再为了一棵草的崛起而欢喜，没有谁再为了一条鱼的涸辙而悲伤，没有谁再为了一只虫的蜕变而惊奇……没有，再也没有了。

匆匆的城市路人又是另一番悲剧的景象：满街的依依垂柳，满地的萋萋芳草，满池的亭亭荷花，过往如常，视若未见。是什么声音比这些如画的风景更有力量将他们召唤？是大街上刺耳的鸣笛声，是手机里上司的训斥声，是酒店里觥筹交错的应酬声……身为工作族的他们，不可一世地以为金钱摩挲的"嚓嚓"声、印章落案的铿锵声，才是世上最美的音乐。

唉，辛苦的学子，可否暂时搁下你沉重的水笔？奔走的行人，可否稍稍放缓你奔忙的脚步？让我们一起唤醒耳朵，去聆听生命的本来。

你听，你听：乡野温润的风正抱起阳光，发出温柔缠绵的絮语。它又亲吻着青翠的草叶，受宠若惊的露珠便轻唱起感恩的歌。这歌声忽隐忽现，仿佛生命的银铃在绿风中"叮叮"作响，又似揉碎的阳光从竹筛里纷然洒落。清脆的鸟语啁啾在枝头，兴奋的蝉声流转在林间，高亢的鸡鸣嘹亮在黎明，忠诚的犬吠回荡在夜间……丰富多彩的音色似一枚枚精巧别致的零件，经大自然之手巧妙拼装成一个精美的八音盒，在浩瀚的天宇下浅吟低唱。

你听，你听：城里的明净的月亮正播撒清辉，轻轻涤荡着一天的喧嚣。它柔柔地倾洒在饱满的荷花苞上，第一枚花瓣苏醒的声响是那样微弱柔软，如同洁白的天使扇动羽翼。荷叶面上幽光闪烁的圆露，一个趔趄滑入池中，"叮咚"一声，空灵且干脆，清纯又透亮，宛若空谷里风铃之悦动，亦似弹珠触壁后悠悠之余响，久久颤动着听者的灵魂。叶下的游鱼抿着水中的藻荇，随气泡升起香甜的梦音，观者若醉，仿佛也成了游鱼一尾在水底倏忽游弋……

忽而发现，本以为单调的天地间，竟有如此丰富的音响可寻：听雨珠弹在青瓦上的声音，听微风拂过少女鬓发的声音，听惊雷在头顶上咆哮的声音，听雨后春笋顶破头上硬泥的声音，听泉水滴在渴望被滋润的草叶上的声音……身处大自然这个圣洁的香格里拉，倾听着万物温和的呼吸声，烦躁、孤独、压抑都被净化得无影无踪，留下一颗宁静、澄明的心重拾人生行走的脚步。这是多么惬意的生活！

听，耳边蹦跳着许多欢快的音符，它们仿佛在唱："你的耳朵睡醒了吗？快听，快听，这是生命的声音……"

寂

柴元昊

我的心，随夜的降临，也渐渐寂了下来。独自徘徊，我，并不孤独，也不自赏。

端一杯香茗，暖暖的，听钟摆的响声，在空阔的屋内来回踱步，独自在余晖的摇曳下，享受着这种寂。

茶香在狭小的屋内来回飘荡，四周充斥着这种自然的香，让香气清除我的烦恼，让余晖带走我的不满。夕阳，在地平线与天空的夹角中来回飘动，红红的，并没有早晨的太阳那么气派，却另有一番意味，夕阳的光，是不刺人眼的，不像正午的太阳那样明艳鲜亮，它是温柔的，是可以尽情享受的，也是回味无穷的。

时间缓慢推动，夕阳落下，月亮上升。

月亮仿佛突然出现似的，从东方天际飞升起一块白玉似的圆盘，光辉在脸上消失了，带来的是凉风习习与黑夜来临，伴随着猫头鹰的叫声与繁杂的现代交通声。但这些仍消不去我对寂的爱。

风悄悄钻进衣袖，我一惊，不禁打了一个哆嗦，虽人常言"寒风刺骨"，但于我俨然是舒服地打个寒战，并且有点儿释压的感觉。窗外，天已完全黑了，月在天空中独自地寂着，寂静与寂寞并存。我独自踱于空旷的屋内，它独自徘徊于广阔的空中，我们都寂着，但我们互相对视，我们彼此用心灵交流。我不知，月是否感到孤独？应该不是的，它有群星为伴，太阳为友，不会孤独；而我，也不孤独，我有知音、家人和朋友，虽寂却不孤独。

又一丝风打乱了我的思绪，提醒我茶要凉了，呷一口，水温正好，再一看表，在此徘徊已经很久了。

将茶饮尽，渐渐地，茶香也散去，整个屋子又陷入了以往的样子，有点儿死气沉沉的，却不影响我内心的感受。

"这寂，真好！"

窗纱又一次被风吹开，又告诉我，新的一年开始了，带走了许多，只留下——希望与现实。

收 纳 空 白

李可忻

　　黑夜如期降临，自己每日的祈祷终究还是在太阳落下的那一刻破灭。向往光明，却又躲不开黑暗，就像白日兴奋戏耍，夜晚却总是孤独。觉得黑色大概代表了一种生活，与白色对立，却又相对自由。如果要打比方，我想那应该是闭上眼睛行走，而无论怎样，睁开眼睛的瞬间便能发现其实偏离了路线有多远。双子座的我，究竟是什么颜色……

　　每天都不自觉地想听许巍的歌，觉得他的声音带着一份坚忍执着，却又在气息间流露出些许轻轻的悲伤，逆流成河。微微沙哑的声音，像丝，从内心抽剥，平行并进，像挂着淡淡音符的五线谱，伴着钢琴的悠扬，长笛的静谧，吉他的随意，散布在稠密的空气里。听着歌，竟忘了呼吸，有点儿缺氧，心头却总是温暖。

"你什么都好，大家那么爱你，比起那些挣扎在生命线上的人，你比他们幸福多了……"争吵最后，对面的人落下这句话。是啊，他说得对。原来，我的生活并不辛苦，我的悲伤其实更像是快乐。从温暖之物里醒来的我，哪有权利重复吟诵流浪诗人大段的泪水。早餐吃着面包，能够随意翘起脚尖，我就该满足……那一个晚上，我觉得自己做了一个很长的梦，因为醒来时，一枕湿泪。

下一个我，应该是什么模样，自己并不清楚。只依稀记得，这个世界上，有很多个我。他们跋山涉水而来，与我并肩找寻拼凑，那个我想收纳的未来。他们混乱地存在于我的体内，一边喜欢温暾的音乐，另一边却又偏好用大胆的红来武装自己。那时觉得，大概只有蓝白的药剂，可以除去我骨子里的那份孱弱。

不再想能不能继续这样的生活，带着幻想忧伤的气质，只是习惯成自然，人和自己就成了一体。每每看到那些本应该存在于精神层面，却耽于忙碌现实的人，会有那么一种失落感。这也让我看到，其实人无非是自欺，就像说起要背着吉他去流浪，在行进路上把歌唱一样。有时梦想只是一种美丽的谎话，我们是否也曾用这样忧伤的歌谣来传染孤独？

我们收纳的，大概只是一种空白吧，在努力喜欢上人间热闹的时候，我们已很久没有感受到，自身的轨道。一首安静的曲子，或许足以让我们感动得双眸变潮。那一刻，脑海里浮现的绝对不是这调子有多感人，而是下一秒我要干吗。于是，迷惘便与自己彳亍，路线细致而精密，折痕并肩提醒，我要做的，不过是收纳空白。

空白页面让耳边凯尔特风格的民谣沾上了生命的悲凉与坚忍的感受。有时也不知道内心是个怎样的容器，每次看到长街落日，都能感受到白色信纸上逐渐滋长的温存记忆，人是不是总有超越世间的认知？我看着空白页面被渐渐写满，那种郑重的态度，认为生命都应该美好起来，只是不懂电影不是人生。破碎的阳光斑点，喜欢的是夏天，我是从那个时候起才感觉到少年在时光里的倒影。

空白的记忆里，未来的影子被切割出不断扩张的角度。收纳空白，或许收纳的是一份逞强的懦弱。生活像是斑马线，黑白交替，一边笑着疯了，一边哭得累了，判若两人，不知，下一个我又是什么角色。同一个躯壳，不同人生，每个我都不舍。空白，或许是最真的表现；空白，或许需要我自行绘写——那个，独属我的夏天……

春天在我的窗口张望

沐 墨

时维四月,序属深春。人间四月芳菲尽,山寺桃花始盛开,日东的气候到底是一层暖似一层了。

春声春色春风,这个季节的日东最美,一衣带水,殷红的杜鹃遍野燃烧,花香四溢,带着浪漫的田园风情,给傍山依水而居的村庄以无尽的想象。

早读时喜欢听琅琅的书声,静坐教室,丝丝暖意直沁人心脾。

清晨的阳光将窗棂分割成不同的形状,那一张张稚气而纯真的脸庞就呈放在阳光下窗棂的轮廓里,使春意陡然增深。这样的风景最好。

教室后,往届学长们植下的香樟树,此时已枝繁叶茂,恣肆一身浓绿,泼墨一般。它们安然地在阳光下静默着,庄重地注视着时间的脚步,回忆着那些曾经滑过自己生命的人和事……但愿年轮能够圈住记忆，让爱与希望永远同在。

烟光凝而暮山紫。黄昏，兰蒐山脉落下一轮绚丽的夕阳，与山冈上燃烧的杜鹃一起染红天际，蔓延人文厚重的赣江源，猛地与江水撞个满怀，羞赧地退去，只剩下水色潋滟，山色空蒙，心中不知是欢喜还是惆怅？

徘徊之余，似乎感觉到，春笋在凝重的暮色中开始拔节，桃李也在润湿的空气中圆熟，于是我被包围在这快意的境界中，没有理由拒绝成长和期待，只为这青春迟暮的舞蹈，唤醒了心底最敏感的种子。我希望，曾经所有的忧伤和疑虑都化作一层淡淡的雾气缭绕在山顶，被寒冰封存，从此远离我的生活。

黄竹村的烟叶苗打造着铺天盖地的绿色地毯，透明的塑料薄膜低调地守护着即将完工的绿毯甘做陪衬，确保来日的丰收在望。

一场大雨过后，即是清明，天气晴好，有情趣的同学叫喊着要去田野踏青，挖荠菜。田埂上，密密麻麻的荠菜，翠色欲滴，秀色可餐。我们几个女生都煞有介事地蹲下身来，比画着，尝试着如何用最美的弧线把这一瞬间完整地切割下来。身后，我们一深一浅的脚印，是那样的鲜明夺目，是那样的美丽。那一串串脚印蕴藏着春天赤橙黄绿紫的心情，也满载着我们欢乐的笑声。

寻找童心

017

彼　岸

王　婷

　　如果在月圆的梦乡中，码头上有一艘整块木头雕制成的小船，里面铺满了星星，跳进去，随着水流，就能找到一条流淌到天上的彩虹一样的江河。

　　一个披着蝉翼的孩子，在梦乡里寻到了码头，他欢欣地坐进去，星星没了他的膝盖，亮闪闪，把光芒染在雪白的袜子上，如同镀银一般，而那艘船，追逐着九天之上的笛声，不知是哪一个遗落了磷粉的精灵，淘气地解开了绳子，一时间，绳子变成了旗帜，在魔法的荧光中，逗引着原本沉睡的海的女儿。

　　看，她们浮上来了，手中持着最美丽的紫珊瑚，簇拥在月亮似的小船旁，撩起水花，打湿了衣裳。只是一瞬间，那衣裳开满了海葵，仿佛在深蓝的衣服里舒展着柔嫩的花瓣，用手去触摸着，却是分明清晰的刺绣。海的女儿们露出洁白的臂膀，召唤着海豚和小丑鱼，平静的海面波动起来，船也行驶得快了，鱼儿们围着小舟，往前送着，海的女儿们唱着悦耳的歌谣，抑或是与海附和着。

树林边一跃而过的卡戎，象征着荣耀的弓是连狄安娜都艳羡的，只是轻轻一响，离弦的箭穿破最坚实的铠甲，绽放出荆棘中的玫瑰，在维纳斯的爱抚下，饮醉了，红晕在水中慢慢散开，如同一只流泪的眼睛。

渐行渐远，而歌声也渺茫了，绿油油的水草，在清澈的水中，缠绕着曾经的海盗船残骸，金子和葡萄酒，在水底哭泣，早已朽坏的橘橙色的箱子，四周镶着银边，在水中千变万化，折射出五彩的光。

把蝉翼解开，漂荡在水中，不远处是萤火虫的庆典，风信子是铃铛，曼陀罗是灯光，半醒半睡的莲花是小憩的亭台，无声的音乐会把一切都描绘在蝉翼里，沉浮自若。

恍惚间，似乎望到笛子吹出的音符在河流中漂摇。带着蝉翼的孩子，伸出手，想去抓住一个，突然，河流倒流，他飞快地退回了原点。

"有谁能到达彼岸？"

只剩下空落落的苍穹。

寻 找 童 心

陈丹虹

　　长大了不禁觉得拥有那完整童心的年岁已慢慢远去，不知什么时候自己只剩下对世界无情而冷静的剖析了。

　　险趣连生的精彩魔术落下帷幕，心里对它发出嗤之以鼻的评价："那不过是障眼法，又不会成真。"

　　史诗般恢宏的巨幕电影刚一放完，听着不绝于耳的赞美声，自己却不以为然："都是3D特效制成的，徒有些噱头罢了。"

　　再看看自己每天的生活，或许那更类似于一个固定的公式：麻木地埋头于成堆的作业间，到了夜晚便昏昏睡去，潦草地翻过一页页人生日历……嗯，不过也不该太悲观，渐趋破碎的童心只是在等一个契机吧，一个让它重新活跃的契机。我应该去寻找那颗迷失的童心了。

　　春节过后的某天午后飘起鹅毛般的雪，纷纷扬扬，心底像有什么柔软的情绪被触动了。我没有撑伞就冲进雪地里，享受着雪花温柔的抚摸，渐渐地，上天举办的这场白雪化装舞会更盛大了，我躲到茁壮的青松下，呆呆地向上望着，雪花不时与松针呢喃几句，发出"簌簌"的声响。虽然我已深谙南方的雪是易于消逝的，它只如昙花一现般留下匆匆剪影，但雪过之后却牢牢记得那时雀跃的心情，无拘无束地嬉戏，久违的感觉扑面而来。

一场雪便能唤醒童心，让它鲜活起来？我摇摇头，继续寻找着。

疾行在街头上，我只顾着与秒针赛跑，忽然一个趔趄被石子绊住，只好停下来缓步前行，我不觉间发现沿途却是一番风景。河对岸的灯光渐次亮起，温暖地延伸开去，在无尽的远方汇成一个光点。河边草坪虽没有姹紫嫣红，几枝寒梅却开得正艳，恍惚间便沉醉于此，不禁疑惑：再往下走，我也能通往到爱丽丝的兔子洞吗？

于是自己重新调整了脚步去面对生活，不时哼一曲快乐小调，偶尔扬一弧浅浅笑容，常常蹲下身来看看虫鸟们精彩的演出。看到水不再立马想起枯燥的化学式，而是有了嬉水的冲动。心底寻找的那份答案也渐渐呼之欲出。

其实只要调整好自己的心态，在不需要时抛却那些冰冷的理智，你会发现童心无处不在，它将会带着孩提时代那份淡淡的惆怅，浅浅的欢心，引你走向如童话般甜美的世界。

最　美

肖晨星

　　安之若素地生活，横一叶扁舟，赏一方澄静碧蓝的天空和那倾泻于指间的莲叶香。任时光悠悠转过，我想，这应该是停泊在我心湖上一纸最美的画卷。

　　然而总是将这份美好搁浅在浣花笺里，自以为是地认为那只是虚无缥缈的桃花源或是洋人笔下的乌托邦。而我的生活是漫无边际的苦海，苍凉行走在白纸黑字间和日复一日的机械工作中。少年不识愁滋味，为赋新词强说愁。我想我的少年愁正是愁在欲说还休，只道白了画眉头。寻不及，访不得那浅浅搁置在心田的最美。

　　有一回在江边漫无目的地行走，思绪也便停驻不前，只停留在白日里那鲜艳的批改上。从未如此记恨并埋怨多事的阿拉伯人，将那些瘦骨嶙峋的数字搬上这片诗意的故土。一行朱砂，圈了谁的欢喜与忧伤？这时，传来水波荡漾的声音，余晖在水面上漂浮，竟也领会得"浮光跃金"此景了，心情也慢慢明亮起来。

原来是晚归的吴船，那船桅上微弱的灯光在昏晓的水雾中竟显出琥珀的柔美，绵延成一片映落在斜阳里的星光。我的嘴角微微扬起，这份美丽也足以让人屏息吧。

水乡的人们早就被流年般的水同化，随意招揽岸上闲适的路人，就青石码头斟上一杯淡酒，递过几碟黄酒小菜，便古今中外高谈阔论起来。微醺的男儿唱起了戏曲，敦厚绵长的声音混着酒香传入人们的喝彩声中。这番景色美得让人沉醉，醉入夕阳中。

"良辰美景奈何天，赏心乐事谁家院……"禁不住的渔娘们也清新委婉了一回。那么一瞬，立于岸边的我竟也恍惚穿越时空到了桃花源，或是神游于曹梦阮笔下的"原来姹紫嫣红开遍"的大观园，梨香院旁牡丹艳曲警芳心。

他们的美丽何处来？日出而作日落而息的辛劳磨不去他们心底深处的快乐与安详。心是美好的，人便美丽起来，美得倾国倾城，令人颔首轻叹。

我想我算是曾经错过了身边的点滴美好，用庄生梦蝶的痴迷将自己困锁在忧伤与失望的蚕茧里，我需要破茧化蝶的勇气，"朝饮木兰之坠露兮，夕餐秋菊之落英"的风雅固难寻觅，但我只需守住一颗最美的心，便能收获最美的风景。

有　味

叶　悦

记忆不肯说清一切，留下沧桑抹尽眼泪。

所有的画面在心中发酵成思念，酝酿接着泛滥，当一切的一切都在记忆深处放肆地汹涌，退潮之后，剩下的你的模样，也早已面目全非，我一再努力地追寻曾经快乐的故事，却总以悲伤的总结告终。我们的故事没有一个完整的结局，看似未完待续的事情，都在昨天被一阵寒风吹散了。

脑海中你的笑脸依稀可见，你的笑声隐约回荡，雨中共撑一张广告海报的你我飞奔街头，凭汽车的喇叭声轰鸣刺耳，还是任性地踩着积水一笑而过。路口黄昏的灯光映在积水上，又被雨水打碎，所有金灿灿的碎点都在水面上跳跃，如白天斑驳的阳光掉落在地面。

可如今，我又如何迈着脚步逆回到已成定局的故事里。那些碎片是记忆中最美的片段，稀稀落落地演绎着曾经的童话。有些时候一点点差错，便让原本存在彼此人生中的时光朝着各自不同的方向续写，那么，在以后的时光里，我们是否亦会以不同的姿态整装待发？

大雁掠过的枝丫浮在风中徐徐发抖，站在枝干下的我裹得严严实实，小心翼翼地伸出装在口袋里的手，认真地接下每一朵掉落在掌心的雪花。我从不奢求什么，但每一次都只能失望地看着一摊雪水在指缝间流尽，只能看着它们重新在冰冷的地面上凝结。每每看着无味的雪花在天空中凋零，我又是什么样的感觉呢，是不是每次在寒冬的午夜梦回时，每一寸的呼吸都是痛的。那种味道真的刻骨铭心，似洁白的雪花白得刺眼。

辉煌的街头，突然袭来一阵寒流，五彩的霓虹刹那间黯然，宛如白昼的夜空被路口散乱的电缆分割，重重叠叠出街市中央拥挤的潮流的模样。或许，在未来的某一天里，我们也会以不同的方式被这纷扰湮没。当整个城市在深夜中宁静下来，站在街头的我竟会感到如此荒凉，失去表面热闹的嘈杂声，原来也是这么脆弱，经不起时间的打磨。

倘若我们对自己的灵魂不理睬，任它在黑暗中哭泣，那会怎样？当岁月的泪水打湿心中被尘埃覆盖的画面，流溢出来的又是一种怎样的味道？如果所有丢失的日子都下落不明，我们还会借着勇气执着地找下去吗？每当一个人孤独地哭泣时，墙角的悲伤是否又厚了一层？假如我忘记我们之间所有珍贵的画面，我又是否从此生活在空白里？我们之间并没有正式的告别，就在泪水中互相失去了彼此，那么曾经发誓守护一辈子的友情是否就到此暂停了呢？那又由谁重新开启呢？

我们有好多好多的画面来不及走过，你我就成了记忆中永远的一部分。倘若雨水可以冲刷掉所有记忆中的印迹，那么，就先洗净所有忧伤的画面，留下全部快乐的颜色，让我在一个人怀念的时候，也能拥有和你一起时灿烂温暖的笑容。

那些一个人走过的时光里，逃逸出的芬芳，有你的味道。

何处望逍遥

马珮文

天色阴暗，似是巨浪翻滚的前兆，浓郁而沉闷的灰色渲染开朵朵阴云，无知无觉地昏睡在微凉的空中。压抑的僵持了一连几日的细雨终于应了我心中的期盼，洋洋洒洒地潜入大地。滴落的雨扰碎了少女怀中的心事，默默地，唱逍遥，梦归期。

咬着笔杆，随意摆弄，捏揉酸麻的右臂，无可奈何地叹了口气。再次将写满文字的纸握成一团，半眯眼，稍侧身，准确地投入垃圾桶内。看着逐渐塞满的纸筒，心里乱得像窗外密密麻麻的雨，该写些什么好呢？帘外，雨声清晰而笃定，在屋檐跳动，在地面漂泊。它灵巧迅速的身影，朴实无华，却一颗一颗落进我的心里。澄净得透明，无息地飘落，随意地消失，游荡在四季的角落，倾心于春野美景，滋润万物，透着无所求的逍遥与自在……思绪被雨珠牵着，不受束缚地放飞向远方。

何处望逍遥，自在雨中觅。

在三月略带寒意的时节，着再厚棉衣，也不及一杯清茶来的温暖。

鲜有情致，于院中品茶。手持书卷，任雾气袅袅升腾，弥漫四周。一股带着山野气息的清香萦绕在鼻尖，挥之不去。眸中，一切被熏染模糊，细细绵绵的茶香引着我陶醉在另一个境界——逍遥。涩意充斥口腔，几片茶叶留于齿间。闭上眼睛，闭上心灵，独留味蕾的享受，一股暖意悄然流动在心头，指尖。从泡茶，到饮茶，到回味，紧绷住的神经渐渐舒缓，天地仅我一人，独享逍遥。醒来，茶尽，味不尽，情不止。

何处望逍遥，自在茶中品。

夕阳携着万般诗意揉进我的心里，突然涌出一股悸动，在体内不安分地叫嚣。兴奋因子在空气中膨胀，一点儿一点儿，唤醒沉睡已久的灵魂……

躺在秋千上，慵懒地打量着周围的一切——暮色笼罩的天空中偶有雁鸟掠过，霞云在落日的映衬下显得分外妖娆，灯火繁华而喧闹，我却独坐空灵，心如止水。忽然想到了一些很华丽的词句，雪白的纸页上信手落下一语：我的逍然梦，我的遥归期。仔细地抚摸着，道不出的欢喜，重复吟念着，不觉间，天色已晚。

思绪伸出细柔的藤蔓，缠绕住我的心房。忘了何处是归，赫然只剩心灯一盏。更加静谧了，迷醉了，恣意了，只听见笔尖摩挲纸面的声音，碰撞在空气中急速跳跃的火花，落成素颜之笔：用心，写下一些干净的心底的文字。

何处望逍遥，自在笔下寻。

我的何处，在百转千回中，望见了独属于我的，逍遥。

墨

赵闻笛

那几块石墨，研出多少水墨年华；那几滴墨色，恬淡了几多萧萧往事。

——题记

我喜欢墨。而且格外地喜欢水墨丹青，莫名地偏爱挥毫书法，没别的，仅仅是喜欢。

我喜欢它什么呢？是喜欢淡淡水墨的交融？还是喜欢深浅不一的墨痕？或者喜欢若有若无的墨香？都是，却都不是。我想，我最爱的仅仅是墨。

墨，是清淡的。墨，只有一种颜色，多单纯的色调，它并没有西洋油彩的华丽和花哨，也没有古埃及壁画的神秘和莫测。古代文人雅士，用墨画天画水画苇塘，画人画物画沧桑，写景写情写惆怅，写花写月写离殇。用水与墨的调配，绚烂出梦幻的景色，绽放出自己的心绪，铸就震惊世界的千古绝唱。这一块简单的墨啊，经历了几千年历史的变革，目睹了几代人的兴衰，又踏过几次花落月缺的离合，才走到了今天，凝成了墨。滴滴墨色写往事，点点清痕纸上驰。墨，仅仅是墨。

墨，是神奇的。墨的醇香是在岁月的酝酿和耐心的烘焙下，漾出的。没有这两样，墨，便不是墨了，只是一块比较离奇的石头罢了。市场上卖的调好的墨汁，哪里还有昔日的芳香，别说岁月的酝酿了，就连磨，谁舍得浪费时间给你磨墨呢？打碎成粉再加入水即可。这"速成"的墨，外表没有什么不同，但它的骨子里，可还有墨的执念与淡漠？这自来水，可有小池清泉的灵气和甘甜？正统的墨，渐行渐远，正渐渐消失在历史的转角。

倘若将一块好墨持在手中，便有种莫名突兀的满足，轻摁砚中，细细，缓缓，顺时针研磨，觉得时光好像停止了，随着墨在原地打转而已。当你目睹着墨块在手中，漾出别样光华，墨汁渐渐浓郁，此时墨香便随着这墨汁的流出而飘逸了。那一瞬间，在尘世的喧嚣中，一定有一种"心远地自偏"的惬意感觉注入四肢心肺。也许这便是水墨的魔力吧？谁说水墨无情？它也会看世间百态，也会品岁月如歌，如若你没发现，那就只能怨你不懂墨。细细研磨调空灵，缓缓低吟世间情。墨，仅仅是墨吗？

墨，是窈窕的。在寒冷的北方，简单快捷的中性笔，

寻找童心

《《《

031

水彩笔，油画棒，随处可见。相比这新时代妖媚洋气的"娇小姐"，墨，这朴实优雅的江南女子，实在不怎么受人注意，挤在小小的角落，陪着中国千年往事黯淡着追忆。只是偶尔几位老者来看看，再摇头叹息着离去罢了。年轻的孩子，谁会注意这样的"老古董"呢？可是，在南方，这本是窈窕的水土上，几场春雨婆娑，水墨渐渐漫开，晕染出一片美丽的水墨丹青。画既是景，景既是画。不知是水墨丹青一朵朵开在江南这明媚的春光里，还是江南风景绽放在水墨中。窈窕着，震撼着人们的内心。水与墨，简单的交汇，便氤氲出一派淡雅江南。水墨，水墨，仅仅是水与墨吗？它寄托了多少愁思，几多心事，花落迷离；它铭记了几朝历史，镌刻了几代江山，风过尘嚣；它目睹了几缕残阳，留恋了几帘幽梦，恬淡往事。轻触素笺，起舞蹁跹，窈窕水墨，惹人空思念。恩恩怨怨孤舟泊，悲悲喜喜淡水墨。墨，不仅仅是墨。

墨，是飘逸的。狼毫笔几番勾挑，如梦江南就呈现在小桥流水的宣纸上，静静地望着你。这水墨色并无简笔速写那般形象，也没黑白素描那般立体，还没斑斓油画那般妖娆，仅仅，呈现了宁静恬淡的心境。速写，素描，油画，是可以临摹的。但是，你可曾见过谁临摹水墨画的？有，那也只是学名家笔法，品名家底蕴罢了。水墨色，是一种气，是一种发自内心的情感，是一种源于本真的呐喊。那磅礴心境，是常人学不来的。

我在看画，看画的山清水秀，看画的云雾缭绕，而画亦在看我，看我本真心境，看我心中风景。那一汪水墨色，画人，画骨，画心，那几丝水墨痕，画景，画情，画境。在尘世喧嚣中，这水墨色恐怕是我最后的精神净土了。花花叶叶点相思，岁岁年年不了情。墨，仅仅是墨罢了。

　　墨，江南墨，水墨，花落惊蛰，水墨色，只字渐消磨。唉，世俗喧嚣中，让我魂牵梦绕的水墨，难道只能在梦中重见了吗？

　　墨香依旧，水仍清澈。但是一切，变了太多，太多。

　　心中的水墨，故乡的水墨，远远的，可望，不可即。这满腔的思念，便引起了文中的第一句话：我，喜欢墨。

独　饮

郭昊昕

　　看着这点点繁星，只是突然想在高处一隅坐坐。看看这满目疮痍的繁华，于是，我便带了一瓶矿泉水，藏入这茫茫的夜色中，坐在后山那座挺立的亭子里观望。

　　这是我最喜欢的亭子。白天它温吞吞地卧在那儿，与山脚下的高楼大厦是截然相反的。灰黄的瓦、昏红的柱以及内壁上用墨点染的画都是那么遥远，是经年的创伤雕刻出的吧。唯有置顶的龙在向天空呐喊，保存着多年前它特有的气派。这里与祖先连着，可以看到上古时的场景——黑森森的树和晚上潮湿的气息氤氲在这片没有被开垦的土地。没有城市的灯火通明，更没有电视电脑的娱乐。可我爱这一块土地，在这我可以听到树木的呼吸，可以触碰到大地的脉络，可以离星星更近些，甚至可以匍匐在大地母亲的怀抱中虔诚地感恩——是大地的养育，让人类得以繁衍。

　　不是评比什么，也不是在凸显什么，只是看到对面那座城突然有些压抑而已。

　　是从什么时候起，人就变得如此匆匆的呢？匆匆到忽略了只要一个鼓励的微笑就可以使得自卑重整旗鼓，匆匆到你本可以去掉身上的刺与陌生人友好交谈，匆匆到你只顾到自己而忘了这个世界本应有阳光的存在，匆匆到你只是不停地让自己疲惫忘了天空其实也很蓝，匆匆到你不知道面朝大海春暖花开的滋味。

　　每个人都是过客，在别人生命中的过客，但不要小看，因为这成千上万的过客组成了一个人的生命回忆。而这，都是相互的，你在他的生命中留下微笑，而你的脑海里也存储了他的感激。也许放下那一根根锋利又可怕的刺，会不让别人悲伤，会让他变得单纯美好，而他给世界绽放的微笑会让他给别人带来快乐。这不仅仅是一种宽容，更是为世界的和谐做出了一份贡献。

　　轻轻地我呷了一口矿泉水，纯净的、凉凉的水滑入我的喉咙。这份纯净是那么的甘甜，不像糖一样浓烈，也不像汽水那么呛口，我就像一个刚生下的孩子，让那份安静丝丝渗入心海，温暖而又快乐。

那 一 首 歌

牛梦田

林立的水泥灰色大厦背后隐匿着泼了橙色颜料的天空，丝丝的云缥缈着，和着那歌声缠绵地悠荡。此时此刻，内心泛起涟漪，曾经的一个画面像无声的黑白电影在脑海上映着。有那么一首歌，久久地缠绕在我的心田。

一挥袖薄暮流金，暖暖的阳光在皮肤上跳跃，随着我坐在公交巴士的最后一隅。车缓缓地发动引擎，窗外的景色随之流动着。我面无表情地看着周围形形色色的人物，他们发出我无法屏蔽的嘈杂的声音，更加凸显出我的落寞。

"流水它带走光阴的故事，改变了一个人……"慵懒的嗓音像是在描绘我的生活。我几乎不敢去听那些略旧的歌曲，它的旋律追随着我悸动的心，歌词把那些生活全部都拟了一个个小标题，一遍遍翻阅着。

过了几站路，人流拥挤着，那些华丽的包饰紧靠着我的手臂，我有点儿喘不过气来。视线转向窗外的风景，下一站将停靠在哪里呢？灰色的出租车行驶得飞快，司机们在为下一单的生意而奔波。艳丽的私家车发出震耳的音响声宣讲着它的所向披靡和不羁。人行道旁的自行车倒是优哉游哉，无忧得让我有些羡慕。

此时的天空格外美丽。蓝天极力地向远处伸展，那蓝色的触手遮掩住了那遥远的未知世界，蓝得越发深沉和浓郁。是触景生情吗，我觉得它和我一样都是个没有方向的孩子，之所以那么宽阔是因为它迷失了吧？与它相比起来，我仅仅是那世间的尘埃。惆怅的心情伴随着这首陈旧的歌曲，煽动着泪水溢出眼眶。

"春天的花开秋天的风以及冬天的落阳……"青春，它就像一道卷云，轻盈而淡薄，像四季一般地流逝匆匆，却不能够轮回。当我们以玩乐心态伴随它时，回头凝视之际，它早就消逝得无影无踪了。除了岁月带给我们清晰的印痕，那些悲哀又是何等清晰而又沉重……草木也知愁，韶华竟白头，叹今生谁舍谁收？嫁与东风春不管，凭尔去，忍淹流。

汽车在驶向终点站，车上一直安静着，阳光不再像清晨那么耀眼，很柔和很舒服，我闭上眼睛，光芒透过眼皮，成了很暖的粉红色。我的世界静谧着。心还沉醉在歌声中，猛然回到环境中，只有模模糊糊恬淡的旋律和隐隐约约前方的亮光……

我自悟了那古巷

徐志文

> 碧落黄泉在，烟火语默时。那条古巷，又见证了多少旌旗猎猎，悟透了几分世间颠沛，从此了悟了尘世。
>
> ——题记

扬州的东关古巷，复有旧时的喧闹，是置身于烟火中的美好。但却怎么也比不上它——那条乌衣巷，被浮华簇拥，却与烟火形同陌路。

乌衣巷，坐落在夫子庙此起彼伏的声浪中，可却与外面的烟火人气、锦绣街景大相径庭。那日我被人群推搡着，颇有些惊慌失措，就在这迷惘间，邂逅了他。乌衣巷好像一位老者，处于人潮之中，却又在其之外。他淡淡地唤我："来吧！"那时的我，只觉沧桑如斯，好美。

仿若一个在尘世里惊慌失措的孩子看到了自己的长辈一般，我随着那召唤去了。

"朱雀桥边野草花，乌衣巷口夕阳斜。旧时王谢堂前燕，飞入寻常百姓家。"抚摸着巷口的石碑，感觉着指肚间石块凸凹的印迹，千年之间流转的光年、笑饮青盏的浮世都烙在了那里。那时的我，只觉厚重如斯，好美。

稍一抬头，看见两株枯树。枝干是被风干了一般的石灰色，掩着巷口两边的对联。无意仔细辨认对联的内容，便步入巷中。

仿若这真是一个无人触及的地方，巷中没有行人，只有巷两边古朴的黑砖瓦、白砖墙的屋子。很简单，却让人感到心静。扬州的东关古巷俨然变成了商业化的街区，而这乌衣巷却挡住了世俗的入侵，独看万世繁华，却始终保持着一己的本真，纯朴如本初。那时的我，置身无声的巷中，只觉宁静若此，质朴如斯，好美。

一时间，时空也错乱，仿佛我置身的是千年前的古巷。那秦淮河边的八艳从巷中婀娜走过。白衣胜雪，飘飞如若谪仙；钗簪叮当，回风更添舞雪。席地而坐，把那檀板敲响，将这银筝奏鸣。朱唇轻启，是一世的沧桑，还是乱世的流离？

而乌衣巷，依旧用古朴、宁静回应着八艳的路过。那时的我，再一次被这美折服，真的好美，"乘云沐彩霞，不负此年华"。

　　走出了巷子，我恍惚领悟了这尘世，有了历史的厚重之感。混迹于人潮之中，又随着历史之江流奔腾而去，"本来无一物，何处惹尘埃"。如这乌衣巷一样保持着纯净，至美至朴。

　　悟得的尘世，陌路的烟火，在这一刻升华。

童年的阶梯

疏

刘超凡

　　"疏影横斜水清浅,暗香浮动月黄昏。"一个"疏"字,不仅刻画出梅花窈窕清丽之形,也使全诗意境空灵蕴藉,尽得风流。是啊,和谐美好的境界少不了"疏"的点缀。

　　自然景观的疏朗,能给人视觉上的愉悦与享受。

　　诚然,长白山上白桦林的翁郁密集是一种美,白洋淀中苇草的一望无际是一种美,南塘里荷花的稠密无垠是一种美。但倘若生活中"密"的美占据了一切,是否也会造成视觉的紧张与压迫?老子说:"长短相形,高下相倾,音声相和。"没有"疏"的调和,哪来的和谐美景?

　　请看,潇湘馆前的几根翠竹清秀可人,竹荫微动,在书桌上掩映出几纹波痕;易安窗前的几枝残菊在帘卷西风中憔悴,却透出一股哀婉而清高的气质;杜甫庭下的一棵疏桐挂着残月,沉默着等待漏断人初静后的黎明……疏,让平常的风景美得摄人心魄。

艺术创作的留白，能给读者留下一份想象的空间。

好的艺术作品，一如中国的丹青水墨，讲究画的本身，更讲究画之外的"留白"。"留白"，即"疏"。文学作品也是这样。曹雪芹的《红楼梦》向世人展示了一幅辽阔的封建社会生活图景，笔法细腻可堪一绝。然而细腻勾画之外，还有作者有意无意留下的"疏"。贾府太大，写不完的，余者还请读者自己斟酌品味。

美术作品更是如此。郑板桥的竹，寥寥数笔，竹的内秀气质全部带出；齐白石的虾，勾画了了，留白如水般纯澈更凸显虾的灵动；丰子恺的漫画，笔法简单，观者却在那没有五官的脸上赋予了自己的表情……疏，使艺术创作更耐人寻味。

与人相处时保持一个适度的距离，能使人际关系更加和谐。

此处之距离，非疏远，非冷漠，而是一种中庸的处世智慧。"君子之交淡如水，小人之交甘若醴。"有一定"疏"度的友情才能像水一样有永恒的保质期；"相敬如宾""举案齐眉"，有一定"疏"度的爱情才能经得起岁月的磨痕。这就如守望，因为那一份距离的存在才更萦人情思。相反，一味地如胶似漆、形影相随，你侬我侬倒不一定有美好的结局。

领略"疏"的美妙，把握"疏"的智慧，人生的佳境便在这"疏"中淡然而生了。

梧 桐 细 语

章慧慧

　　秋，梧桐叶落的季节。站在街道中央，看两旁一片片飘落的梧桐叶，倾听它们的细语："虽然凋零的命运我们无法摆脱，但在落下的一刹那，我们是自由的，我们会跳出美丽的舞蹈，这是我们所能掌握的。"

　　是吗？我走到梧桐树下，仰望，片片叶子打着旋，像在跳芭蕾，随风飘摇，像天鹅的羽毛，那是四只小天鹅吗？这变幻的舞姿让我惊叹，这软弱的、枯黄的、易碎的生命，演出了一场最美丽的舞蹈。那柔情中也蕴含着刚强，像是在极力让我相信，这样的优美，它能办得到的，这种辉煌是掌握在自己手中的。这一叶叶，一声声，终于让我不再怀疑：即使失去再多，但有一点是我们可以掌握的，那就是自己的价值。

　　每每诵读唐诗宋词，我都有一种大彻大悟的感觉，每当读到李清照的词，就别是一番滋味在心头了。生命中，她失去了很多，丈夫、亲人、朋友……她背负着亡国的痛苦与一些本不该受到的谴责默默地走着。她无法改变苦难，于是，她开始创造辉煌。她相信，人格、精神是永远掌握在自己手中的，于是有了"生当作人杰，死亦为鬼雄"那令人钦佩，强烈震撼心灵的诗句，有了"帘卷西风，人比黄花瘦"的感叹，有了"凄凄惨惨戚戚"的凄美，有了……她展示了自我的人格和才能，添进了自身的柔情与刚直，丰富了宋词，也如梧桐叶一般在失落时证明了自己的价值。

这一瞬间的联想，让我陷入了沉思。生活是多彩的，种种诱惑常常会让我们失去尊严、人格，而这些对我们而言，却是相当重要的。出身有卑微、高贵之分，但人格是可以由自己掌握的，如果连这些也失去了，那么你的手上将会空空如也。

"人生自古谁无死，留取丹心照汗青"，这表现的又岂止是一种英雄的豪迈，它简直是人与命运抗争的一曲壮歌。

不知何时，手心多了一片梧桐叶，我凝视着它，它不再是单薄的，弱小的，那份枯黄早已闪烁出夺目的光芒。瞬间，我又听到了它的细语："跳出最美的舞，这是我们能掌握的……"

我突然觉得手上好重好重。

最美的风景

俞心悦

秋高气爽之时，我到乡下住了几日。远离了城市的喧嚣，所剩下的只有宁静和惬意。不用闹钟，我总是早早醒来，在晨曦中漫步，享受大自然带来的清新。

一个雨后的清晨，我照例披了件外套在田埂上走，湿润的空气吸入胸腔，使人从头到脚都有一种说不出的轻松。刚下过小雨，天空湛蓝湛蓝的，像一块被雨水冲刷洗净的蓝水晶，空灵纯净。还浮着几片云，飘游不定。走着欣赏着，我来到了一片麦地前。多美的风景啊！金黄的麦穗在微风中摇摆，像波浪起伏，扑面而来的是丰收的气息。一片金黄中，我寻觅到了一抹白色的身影。他脆生生地点缀了这美丽的风景，让我眼睛一亮。

在这寂静无人的早晨，还有谁像我一样，在晨曦中迎接新的一天？我好奇地拨开还沾着露水的麦穗，硬是挤进麦地里去。走近了，才看清是一个和我年纪相仿的少年，背对着我坐在麦垄上，腿上搁着画板，手中托着颜料盘，正细细地画着眼前的风景。金黄的麦、湛蓝的天、初升的日、田间的稻草人，都一一展现在他的画布上。笔法并不很熟练，略显稚拙，但画面很是灵动，让我觉得美得自然，美得朝气蓬勃，美得充满希望。

"画得真好！"我不禁赞叹道。少年被吓了一跳，吃惊地转过头来。如我想象的一样，精致的五官、白净的皮肤、细密柔软的发丝，好像童话中走出来的小王子，睁着美丽的圆眼睛看着我。我走到他身边坐下，看着他的画问："你画得真好，美丽的风景被你画得更美了。能为我画一张吗？"他望着我这个第一次见面就提出奇怪要求的陌生人，笑着点头："好呀！"不多时，一张画完成了，还是那么美，那么富有生机，只是在麦地背景的衬托下，我成了主角。

要离开之前，他突然轻轻地说："其实，我有个秘密——我是个……跛子。"我愣住了。命运真爱捉弄人，给了他完美的脸庞，却要剥夺他健康的身体吗？看着他颤抖的睫毛，我不忍地说："我先走，等没有人了，你再回去吧。"然而他却抓住我的胳膊。"不，让我先走吧，放心，我不怕。"接着，他坚定地站起来，慢慢地走着——果然是一瘸一拐，但没有停下。看着他倔强的背影，我的心酸酸的。这个少年，是怎样画出我手中这样充满希望的画？花季的年龄，他是怎样才克服了心理的障碍，让自己活得更精彩？

再抬起头时，泪模糊了双眼。他已走得很远了，从这里看去，他迎着灿烂的日光走着，浅浅地和身边的美丽风景融为一体。他好像走进了他的画，渐渐地消失在了一片金黄中。

站起来，走出去，你就是最美丽的风景。

被忽略的完美

彭姝晗

已过杨花落尽子规啼的日子，初夏的鸟儿在清晨轻鸣。

我被那清脆的鸟鸣声唤醒，望望窗外，有些阴沉的天。

我讨厌那灰暗的颜色，它让我感到这世界如此不完美，无一丝韵味。

时间还很早，刚过寅时，漱洗完毕打算去田径场锻炼锻炼，不料，半路上便下起了点点般的雨，有风吹过，凉意袭上心头。

小跑至教室，雨点便小了些了。教室里有些闷，我站在走廊上，望向远处的繁华。

我不得不承认，那样的繁华很美，极富色彩，令人向往。但它不是完美的，愈是繁华，问题也愈复杂。

为何我寻找的完美，如此渺茫，远不如那些繁华来得实在？是不是我对于这世界要求太高？

是太高了吧，这世界怎么会有绝对完美？连自己也无法做到的事，怎能如此深刻地去要求别人？

轻叹口气，我收回视线，蓦然发现综合楼的平台上，停留着一只白鸽，在这昏沉中显得耀眼。一会儿，有白鸽接二连三地落在平台上，透过若有若无的雨帘，我仿佛看到了天堂。

我愣愣地看着，看那群白鸽优雅地踱步，看它们亲昵地拥抱。整个世界还未清醒，天地之间一片沉寂，只有雨走在栏杆上细微的脚步声，偶尔，会传来白鸽间的问候。

一只黑鸽想要加入这群快乐的白鸽，它轻轻地落在它们中间，热情地问候白鸽。

它很快融入了这个群体，与它们在一起，漫步在细雨中，美好而静谧。

广场上有人朝综合楼走来，还未登上阶梯，那群鸽子便已知晓。

它们扑扇着翅膀冲上了苍穹，随即转身朝东方飞去。那翅膀拍打的声音，那冲上云霄的力量，让我产生了雏鹰起飞的错觉；那瞬间消失的身影，那悠然飘下的白羽，让我以为刚才的一幕，不过是魔术师的伎俩。

雨中飞行的鸽群，冲向东方的身影，美好而动感。

心灵受到震撼，我无法形容，我想稼轩所谓的"众里寻他千百度，蓦然回首，那人却在灯火阑珊处"也不及。

朱镕基先生认为清华精神在于追求完美，列夫·托尔斯泰老人认为人类的使命在于追求完美。可是，为何大自然的完美我们看不到？

人类所创造的东西很美，但仅仅是美而已。只有自然所创造的才是完美的，无论是静态或是动态，它所创造的都是最原始的美好，那是一种不着一点儿装饰、浑然天成的完美。

被忽略的完美，现在把你寻回。而稼轩的叹惋，我不会拥有。

童
年
的
阶
梯

黑板的记忆

陈云帆

有时候，我在想，黑板是有记忆的。它就像一个人那样，静静地伏在墙上，目睹着这一间放满桌椅和书籍的房子。它静静地注视着每一个四十分钟的肃穆和十分钟的吵闹喧嚣。它把粉笔在身上啄下的每一笔一划都深深地刻入脑海。一年又一年，一批又一批面孔陌生的人走进这间房子，翻开书本念着上一批人念过的字，做着上一批人做过的题，和上一批人一样，四十分钟的肃穆，十分钟的吵闹喧嚣。

黑板是沧桑的。一年又一年，学生在变，老师在换，粉笔一支又一支地耗尽了，时间一分又一秒地流走了，人们拎着书包来了又去了，粉笔灰在地板上聚集又散开。一切都在来来往往地变化，只有黑板，除了日渐斑驳苍老的容颜，它伏在墙上，沉默无言。

物转星移的变幻，黑板是孤独的。身边的事物日新月异，自己却停滞在时间旋涡的中心不被卷走。黑板上的记忆，应当有温暖，也应泛着辛酸。粉笔的刻画应该不是黑板唯一的触碰。纷扬凌乱的灰尘，轻轻附在墨绿色的面板上，这会不会让面无表情的黑板忍俊不禁？当一天的课时终了，留下来做清洁的孩子用温湿的小手按在抹布上擦去黑板上的灰，这会不会让冰冷的黑板感到短暂却温存的幸福？

　　或也有顽皮的孩子，用粉笔在黑板上画出一圈圈的同心圆，然后站远了用粉笔头或小石子去丢靠近圆心的那个圆。有的粉笔头会在黑板上留下凹陷，有的小石子会为黑板留下千疮百孔的伤疤。黑板却只是静静地忍着，记住这疼痛的游戏，记住这些凹痕与伤疤。它想，总会有一块湿润的抹布，掠过这些浅浅的伤痕，顿一顿，焐热了这片伤痕，启动了心中的疼。

　　黑板是沉默的，它不善言语。因为，它有的是漫长的记忆。在时间中，它是一位老者；在记忆里，它却只是一个孩子。

　　我有时在想，我们缺少了一种黑板精神。黑板拥有记忆，不言不语，耐得住寂寞。而作为人，我们有时太善忘却，忘却了美好，忘却了许多值得记忆的瞬间，最后只剩下一具属于现在和未来的空壳。这时，我们不免想想黑板，它珍惜自己的点滴记忆，在孤单的时候拿出来，温暖心房。黑板珍爱自己的记忆，爱得执着，爱得深沉。

寻 常 美

孙 颖

> 只有足够薄，才够透彻，才足以让光线浸透
> 罅隙，足以让阳光在掌纹里安身立命。
>
> ——题记

冬日，连阳光都柔软得让人心疼。从小巷出来，向左转，走百二十步，熟悉的，奶白色的一个角落，明亮干净。迎着阳光，眯着眼看去，是个卖面的摊子，五十来岁的老妇人系着围裙，双手揉着面团，眉眼里尽是温和，扬起一片面粉，细碎的，迷了眼。阳光被碾碎了，浮动在围裙上，灿烂着。驼色的冬日，时间被按下了静音键。

靠在墙上，我瞅着这再寻常不过的老妇人。

黑色的头发，用夹子零乱地夹着，肩上抖落着寸寸阳光，围裙上扑着涩涩的面粉，愈发显得白，她的手不复白

晳，绵绵的细纹褪成专属岁月的蜡黄色，有些沧桑。

老妇人温润如水，站在角落，神情专注得像在细细雕琢着一件工艺品，双手按在面团上，有力度地揉、搓，再捧起面团往板上一摔，继续用掌心慢慢地揉，再捏起面粉，往面团上撩，和点儿水，再轻轻揉，直到完全融合。面团像一只硕大的鹅蛋，轮廓是那么圆润，只听到每个毛孔吸进阳光的声息。

老妇人的肩膀有节奏地摇着，随着擀面杖的一前一后，依稀看到面粉拽着发丝在荡秋千，凌乱美，再寻常不过。压平，再压平，边缘，中间徐徐地凹，面团一圈圈地滚大，磨圆，像用圆规画出的同心圆，饱满地闪耀着太阳的光泽，又倏地被卷起，再被摊平，细细地碾。老妇人嘴角荡着温和的笑，如绢丝，薄得让人心疼，绾在心底，细水长流着。

"老板，来两块钱的手工面！""哎！好好！"忙弯腰掀起一层布，抓了一把面掂量掂量，再称好了递到顾客手中，脸上掬满了笑意。"你这儿的面好！有韧性，可好吃呢！""谢谢啊，呵呵，以后常来哈！"老妇人点着头抿着唇，捏着裙角擦着手，眸中温润。

我瞥了瞥那雪白如缎的面条，洇着金黄的阳光，窝着，安静着，不由得心中也柔软了几分。

人生只有不断磨，不断揉，不断搓，并坚持压，坚持擀，坚持碾，才足够丰润，足够漂亮，才能以更大的表面积吸附更多的阳光，才能让温暖、美好流连于掌纹里安身立命。熟悉的角落里，有着寻常日子的美，而那在角落里雕镂着阳光与面条的人生，却又美得不同寻常。

离别的日子

李钟昊

西风匆匆地来了，不带任何预兆，那侵骨的寒冷在小城中放慢了脚步，在窗外久久徘徊。

北方的春天总是姗姗来迟，而我的初三却要匆匆而过了。

离别的日子，总是难熬的，既有对未来的憧憬，又有对今天的留恋。离别时的心情，像被打湿的落叶一般，纷繁，清凉。

窗外的几棵树，已在不知不觉间陪伴了我三年的光景，像忠实的朋友一直守候在那里。三年了，我听过它们在狂风中顽强地怒吼，也见过它们在和风细雨中轻柔地摇曳。

而旧时相识的太阳唤醒着朦胧在睡梦中的记忆，嘱咐我珍藏那些曾经美好的温暖。

不知道三个月后的我，能否再被那恼人的闹钟吵醒，能否再与朋友们淋漓地打完球后分享一瓶水，能否再站在顶楼向下望见身着蓝色校服的人们交织在绿色的球场中，能否再踏着黑夜的剪影与校园道一声"再见"。

炎日、落叶、飘雪，再次春暖花开，我们这样循环往复经历了三载。那时，我们也许还在无忧无虑地谈着几十年后的理想，而现在，却都在为三个月后的那三天苦苦奋战。

奋战之余，却对即将到来的分别有一丝伤感。

有人说——人生就像一列火车，路途上会有很多站口，会看到来来往往、上上下下的人，但没人可以始终陪你走完，当别人要下车时，即使不舍，也要心存感激，挥手告别。

我不知自己会不会在那一天潇洒地挥手告别，只有静静地等待。当明天变成今天，成了昨天，最后成为记忆里不再重要的某一天时，我忽然发现自己已在不知不觉中，被时间推着向前走了好远。

前几日，我们在食堂中畅谈理想，一边幻想着十年后我们在游艇上的聚会，一边举着饮料说："你干杯，我随意。"日子，就在这样一天天的欢笑中过去了，三个月后，我们将各自奔天涯。

无聊时，翻看着手机中几百条与朋友的短信，曾和别人轻描淡写地解释说懒得删，可实际上，却是舍不得那些回忆消失。夜晚，窗帘和床头间的缝隙中透出远处还在闪烁的霓虹灯，躺在床上盯着些微刺眼的手机屏幕，嘴角不觉地露出一丝微笑。

生命中有一些人与我们擦肩而过，却来不及相遇；遇见了，却来不及相识；相识了，却来不及熟悉；熟悉了，却还是要说再见。

不久的将来，熟悉的我们要互道再见。

或许，就像耳机中沙哑的嗓音唱的那样："我们就这样，各自奔天涯。"

追　云

杨舒文

有个词叫"云游"，真是再形象不过了。像云一样，漂泊不定，放浪不羁……我天天像被困在笼子里，隔着窗子看云，满心里想着："啊呀！若我能变成一朵云随风飘游该多好！"不禁心旌荡漾。

周六下午骑车放松身心。天气晴朗得要命！这样的下午多么适合一路放歌，但我还未开口，车先出声了——它满身的锈，吱吱嘎嘎地响着，这架势仿佛我还没放松，它就先要散了架似的！蓝天白云，丽日和风，把我欢畅的阀门一下子打开了。难怪有人说："看有字天书须有一等的智慧，看无字天书则须一等的心情。"我昂首乱翻那一页页蓝天，然后就看到了云，一堆堆的云。

它们都仿佛被树枝勾住了，一团团坨在那儿，在阳光的烘烤下香喷喷、软绵绵的，让人想上去躺一下，又想咬一口。要是揪下来一团擦汗，脑门上没准还会留下一片阳光灿烂！幻想起来，这云是不是曾漫游天下？真想问问它呀！若我能追上它……

"喂——"那云开始飘起来了，我也开始加速，耳边呼呼的风声响起。可那云就是不停。但我停下，它又不走，撩拨一般："追上我呀！"于是又开始追逐。追追停停，停停追追……

这样的感觉多美呀！自行车吱呀吱呀地叫着，风把头发吹成一团。路上的大妈和老奶奶好心地提醒："慢些个！"声音却已被我甩个没影。疯狂地向前，再疯狂地向前吧！世间唯有我和那云，仿佛在做平移运动，风景变了，点与点间的距离不变。

渴了，累了，但我不想停止。伸长手臂，也许再伸长一点儿就能够到它呢！夸父追日，我追云，在正常人看来真是"有毛病"，不自量力得很。可是他们又怎么能体会向前时体内蓬勃喷发的力量呢？其实夸父追的不是太阳，我追的也不是云——

突然捏住了刹车。前面是小池塘，车骑不过去了。云飞到了池塘上中央，也有些疲惫的样子。我气喘吁吁，却感到放松极了，也舒爽极了。

其实多少时候我们又何尝不是在追"云"呢？追名逐利，追一些仿佛遥不可及的梦想。但在追逐中，有的人发现自己，有的人迷失自己。都在追，却追到不同的结果。

云是放牧的诗人，云是流浪的岛国，是我一辈子也追不到的。但即使没有结果也要去做。因为我无法云游四海，那就让心跟着空中的云云游一回，放逐一回！突然发现我有夸父的血统，宁可在追逐中死去，也不愿静默不动，无所作为。我没法摆脱家与学校，作业与试卷，但我可以用一个下午放纵地追。

但，总是要回去的，骑着吱吱呀呀的车踏上归途。借用一句流行语："我追的不是云，是自由！"

远来的"伙伴"

黄也析

    暑假来了又走，生活似乎一如既往，可我知道，我的生活开始充满了趣味和忙碌了，因为遇到这几条小鱼。

    不曾想到，一次偶然的邂逅，让我爱上了这几位来自遥远国度的小鱼。

    那天傍晚，彩霞满天，我和哥哥从公园散步回来，远远地就看到路上驶来一辆满载玻璃鱼缸的三轮车，鱼缸里水儿荡漾，映着夕阳，像彩虹一样变幻着色彩，这神奇的景象引起了我的好奇心。凑过去一看，鱼缸里面是一种奇怪的鱼。它们色彩各异，有着泥鳅似的身体，四只短短的爪子，扁扁的长尾巴，最奇特的是，每条鱼的鳃部都有六条毛毛的长触须，随着它们的呼吸一张一张的，看起来非常凶猛。

    卖鱼人说这是"恐龙鱼"。从小就对恐龙最感兴趣的我头一次在生活中遇到与恐龙关联的生物，顿觉亲切，于是就缠着同行的奶奶要买几条。奶奶最是疼惜我们，估计看到我俩这么充满期待的眼神，早就心软了，于是笑着给我和哥哥各买了两条。我们精心地挑选一条黑色、一条粉色、两条黄色的小鱼，又顺手买了一个小鱼缸，像捧着珍宝一样把小鱼接回了家。

我对这四条小鱼，简直"爱不释手"了。我给它们都起了名字，每天一早起来就先和它们打招呼，再和每一条都单独说会儿话。关于"恐龙鱼"，我心里有无数个问题，它们学名叫什么？爱吃什么？喜欢什么样的环境？怎么长得这么奇怪？喜明喜暗……网上找了找，信息纷杂，并不翔实，于是我和哥哥放学后没回家，专程去了趟市图书馆，开始查找资料。努力翻找了好一阵，终于找到了答案。原来我的宝贝小鱼学名叫作"墨西哥蝾螈"，是种两栖类杂食动物，"六角恐龙"只是它的小名。近些年因为墨西哥当地的水质污染和炭烤蝾螈的美食需求，墨西哥蝾螈的数目锐减，已经引起当地的保护意识了。我们能在万里之外的中国见到它们，也是一种冥冥中的缘分吧。

原来我的"恐龙鱼"是漂洋过海才来到我眼前的，相逢真是不容易呢。我和哥哥一起动手，给它们重新布置了"新家"：亮堂堂的新鱼缸，过滤器呼呼地往水里喷着氧气，一丛丛水草轻轻摇曳，贝壳和鹅卵石是它们的小玩具……四条"恐龙鱼"在水波里兴奋地游来游去，互相追逐着，尾巴一卷就带起一捧水花，玩得可开心了。

我爱我的"恐龙鱼"，它们虽小，却也是大自然孕育的生灵，保持生态平衡，每一条鱼都是参与者，每一棵树都有意义，每一个物种都有责任。

幸福的密码

贾　晔

有些时候，看到树隙间照下的阳光轻吻着地面，就会有一丝幸福感悄悄地撩拨着我的心弦。感觉就像幸福沉淀在了心灵宁静的湖水中，给人以长久的美好。

几年前的夏天去北京，国家美术馆在举办十五到十八世纪的欧洲油画展。沿着反着光的大理石楼梯上楼，身旁是巨大的海报，我觉得文艺复兴时期的一个个艺术家们仿佛在面前复活，正带着深邃的目光将自己凝视。我很难让自己相信，一米的警戒线外的那一幅幅画就是曾梦寐已久的珍品，那是提香、戈雅这些大画家亲手创造出的作品。这些让人顶礼膜拜的画第一次真实地存在于我的眼前。面对着它们，我不忍心发出一点点声响，甚至连呼吸也是小心翼翼的。

不久后，我发现，周围的人似乎都有这样的想法，无不以一种虔诚的态度面对这些五六百岁的珍品。于是，整个展厅中，笼罩着一种我不曾体会过的安静。静中，带着肃穆，也带着人们敬仰与思考的气息。大理石地面上浅浅地反射着一丝丝文艺复兴时期的星火，我把画作看了一遍又一遍，不忍离去，尽管那时在偌大的展厅中我并未读懂画的内涵。

现在，几年过去了，仍时不时地想起那次画展。我意识到，那次给我留下最深印象的并不是画作本身的珍贵性，而是展厅内的气氛：人人都能沉静下来，一起创造并守护那份神圣的环境。这种环境所带给我的意义和影响，大于了那些可以诠释宗教与艺术的作品。

如果现在又想起提香，又想起戈雅，我的心中会流淌着幸福感。他们的画曾让观众敬仰，以至于让美术馆中弥漫着神圣的气息，使我至今为那份宁静难忘。在我看来，那种气氛带给了年幼的我最初的"幸福"的诠释。

后来，我渐渐地发现，人们最本真的心底，其实共同有着一种对宁静的喜爱。当一个人走进图书馆，若里边人虽多，却很安静，人们各自都在专注于自己的阅读时，心中或多或少地会有一些被触动并幸福着的感觉。我想，即便生活的世界再喧嚣，人们心底也会归属宁静。

什么事物能让我们的心静下来？云门舞集的创立者林怀民的回答是他的一次特别旅行。林怀民是一个典型而传奇的为梦想奋斗并成功的例子，从20世纪70年代首次公演开始，舞团的里里外外，从排舞到宣传，几乎都是林怀民一个人在努力。随着名气一步步地打响，林怀民本人心中那份最本真的对舞的追求日益淡了下来，每年在全球忙碌地飞来飞去，一直没有找到一个"属于自己内心"的地方。时至今日，看他那段迷茫时期写的文章，那种心灵的疲惫仍能透过文字丝丝缕缕地表现出来。

林怀民说，他当时选择了去印度，试着在那块古老的土地上寻找心灵的宁静，每天看一束阳光斜斜地射过菩提叶隙，斑驳地照在树下。印度归来，林怀民行云流水般地编出了《流浪者之歌》的舞蹈，他自己的评价是：静定，沉稳，完全不像往日急躁的性情。菩提叶下，他感觉幸福沉淀在了心底，并将长久地伴随着他。

翻开林怀民一整本的文集时，脑海中总是这句简单的话。置身于喧嚣中，心中的宁静可以带给人最深的慰藉和最大的幸福。

后来，打开乔布斯的传记，扉页上赫然写着"那些疯狂到以为自己能够改变世界的人，才能真正改变世界"。乔布斯的热血沸腾激励了很多年轻人的勇气，但他用自己几十年的生命历程证明了这一生。关于实现梦想的例子，我们看到的已太多太多，在无所适从中，真正的命题是：除了拼搏，还有什么对我们的成功很重要？

面对着这个问题时，我想到了菩提树下那束阳光。乔布斯也曾在年轻时去过印度，寻找心灵中最基本的东西。

是的，在每个人的心中，或多或少都有着一份对心灵宁静的追求与探寻。当我们坚定信念追逐着梦想时，永远不能失了自己的内心。因为只有它，才能在浮华和迷茫中，伴随着我们终生。

有人说，如今这不是一个能让心灵静下来的时代。可我相信，心灵的宁静与否并不取决于时代或环境，一个敢想敢做个性张扬的人，必定是拥有执着信念内心安定的，因为即便是拼搏，也需要静下心看清前方的路。

这样的定律也许已流传了千百年，也许十五世纪提香那时它就被人们接受了，也许那正是提香拿起画笔的力量。心中的宁静可以带给人长久的幸福，那幸福，包含着爱、梦想与生命的意义，它如同菩提树下的那一束阳光，给人以动力与勇气。

想到这里，我隐隐感到菩提叶下的阳光正洒在人生的路上，正沉淀在灵魂的深处。它，是我幸福的密码。

恰如那一夜春暖花开

杨煦涵

　　阳光撩开了黑夜的幕布，大雨浣洗过的世界伴着啾啾的鸟鸣，冉冉升起。雨水滴在宣纸上晕染开了一片春暖花开。

　　周末拖着行李箱走在家门口的小径上，偶然一瞥，倒是甚是欣喜，不远处一株玉兰树生出不熟悉的光彩，在这隆冬之后，终还是积蓄着力量，开出了叫人怜爱的花。

　　记得冬日最冷的那几天，这株树差点儿就活不过来了。这株玉兰本就植得不好，长在偏僻的角落，连周围的草，都稀疏得很。树长得也不高，枝丫也细细的，最初是怎么也看不出，这会是一株花树。最冷那几天，也不下雨，就是寒风日夜不停地刮着。黑瘦的枝丫就在黑夜里默默地站立着，黑夜像是怜惜它，洒下那温柔的月光化作一层薄被，给予些许慰藉吧。虽是如此，它的根系却把脚下的土地抓得牢牢的，像是最后一份希望和温暖。偶尔的一只雀鸟停留在枝干上，树枝微微晃动着，应和着啾啾鸟鸣，看着倒也平添几分生气。它就这样，默默地熬过了一个寒冬。

刚刚开春的时候，眼见着星星点点的嫩绿从黑黝黝的枝干上探出头来，心里暗自欣喜。看着那可怜的树儿把苦日子熬到了头，自己也平添欣慰。但像是命运不饶它，连着几天，又是刮风又是下雨，那星星点点的绿色，转眼就所剩无几了。那天早上走近看它，本是想看看这般枯瘦的树，会开出怎样的花。但当时看来，是看不到了。有些可惜地看了它一眼，微微叹一口气，转身便走了。或许是没了期待，转眼，也就把它淡忘了。

没承想，竟会有今日这番景象。

傍晚的黄昏，阳光醺人，大朵大朵的玉兰花与那黑瘦的枝丫竟不怎么相配。素白的花瓣上，蒙上一层柔和的暖光。行李箱磕在小径上嗒嗒的声响回旋在绿树之间，恍惚间那稚嫩的花瓣也微微颤起来，昨夜留在花瓣上的雨珠也变换着样子，折射出不同的华彩。那些被雨水打落下的花瓣散落在树脚的草坪上，像一层柔和的白纱。而那嵌在黝黑枝干上的花，又像一颗颗闪耀的星辰，于黑夜中，孤芳自赏。仿佛就是一夜之间的工夫，不知道在此之前，那耀眼的白，是躲到何处去了？而那株树，也散尽了往日的狼狈，像是个摒弃了幼稚的少女，沉稳地站在百花竞开处，素颜倾城。

树都可以这般，许多人却是要惭愧了。人生不称意之事十之八九，总会钻进某些走不通的死胡同里，叫人左右为难。而我们又总是心急，四下乱闯着，弄得一身狼狈。有时甚至是比不上这树，尽管总是黑夜寒冷寂寞，却咬着牙站稳脚跟，还自慰着有良月做伴。若人都像这般，那便再也没什么山穷水尽之说了。因为纵是水尽，我们也可以凭着自洁自乐的性子挑一个舒服的坐处，等着云起花开。

但要做到这般境地，亦是极为不易的。人走到了狼狈困惑的时候，总是浮躁的。像是那一湖水，看着水平如镜，水下却不知是怎般的波涛汹涌。而找个坐处闲等云起，亦不是喝茶看花，若是遇到风吹雨打，也只能暗自消受。未知结果的等待，不是所有人都耗得住的，但世事总不会让有心人被辜负。一旦云起花开，便是苦后尝甜。

又过些日子，从窗里往外瞧那玉兰，却寻不到了耀白的踪迹，许是哪一场大风大雨夺了去。坚强如斯，还是禁不住寻常风雨。但坚强如斯，又怎会担心没有再一次旖旎花开。天气暖了，各样的花都舒展开清姿，但心里却是久久念着初春那惊鸿一瞥的玉兰。每每想起，总是花香绕鼻。

或许也会有一天，惊讶地看着自己一路走的脚印，会不禁微笑，不禁欣慰，温暖得恰如那一夜的春暖花开。

做一个随心随性的人

马珮文

踩在乌黑的泥泞上，不在意身后脏脏的衣摆，也不在意额前散落的碎发，笑意的双眸已弯成小月牙儿，我拥抱着面前寸缕的清风，呼出心中的压抑。

斜望，荷香甜甜，水光淡淡。

岸边，翠绿的荷叶你拥我挤，昂着硕大的叶盘鞠迎夏的到来，错落有致，一笔一画地填满整个池塘。她们摇摆的身姿似是跳着细柔的舞步，随着自由的旋律美丽了整个夏天。突然想在每一个叶片上留下我的吻，流淌出最美好的和谐，一份永不湮灭的美。

而我，是那一片田田荷叶，因景而生，随景而悦。

寻了许久，也未见一株荷花。莫不是因为我过早的来访，扰了她们的安睡。惋惜之余，向着水边再次踏进。回眸间，一朵含羞的荷悄然露出水面。层叠的荷叶从四周向她袭来，隐隐掩去荷花独有的光彩，却遮不去那骨子里的傲气与贞洁。

她匿于肮脏而阴暗的污水中，密稠的绿色浮萍下她的灵魂却纯洁，净透，不受世俗的沾染，独拥自好之身。那半拳大的花骨朵笔直地挺立，椭圆形的花瓣薄如蝉翼，紧紧贴在一起。圆润的露珠从荷叶上滑下，再重重地滴在娇嫩的花瓣上，她却是一点儿也没有惧色，托着香腮，眨着碧瞳，好一朵出水芙蓉！

水荷还在小憩，倒是天边的云霞一朵一朵开得绚丽而耀眼。眼中的景象变得斑斓起来，仿佛有星星点点的落英在飞舞，在云游。脚底下深褐色的土地散发出沧桑而陈旧的味道，我能清晰地嗅到那久违的淳朴气息。

一人高的芦苇占了河边最好的风景，洒着一团团棉絮般的芦花，洁白，酥软，脆生生地点缀了空寂的天。碎花般的青青浮藻肆无忌惮地霸占着整个河面，盈盈的，却是说不尽妙处。绿得深沉不掺丝毫杂质，令人心安，再配上一抹雪白的皓影，仿佛这天地间的"美"便是专门为她量身定做。

水底那欢快的精灵，畅游在荷香莲影间，那身灵巧的橙衣不知又迷了多少人入梦。一览天地，万物生机盎然，明橙、碧绿、天蓝、雪白，就如莫奈笔下令人神往的睡莲，融洽极致。流光间，一阵风吹散我的灵魂，飞向那一朵荷花的梦里，小心翼翼地窥探那柔暖的心事。

一切是荷静心布下的妙局。

我看见了，那巴掌大的人儿，穿梭在荷梗间，笑声像风铃，叮叮当当的清脆。采半寸花瓣，裁成上等的衣衫，掬一缕甘甜的池水，洒向身后踏过的盛开的路。她是住在荷花中的精灵。千百年来，过着闲适的生活，从深秋的残荷到夏至的小荷尖角，她始终在虔诚地祈祷，怀抱期待，明年花更红。

迎着扑面的霞光，双手合掌，放在心口，默默吟念。我心中的那朵不曾暗淡的荷花，风哺育，雨滋润，她在等待，在绽放。会有一天，我又站在那片湿湿的土地上，感受自然，我又会闻到那股最浓郁的香。那一刻我比任何人都渴望生命。

倘若去细细端详，你会在每个角落发现荷精灵到来的痕迹，那片荷叶被剪开了一道缝。那间隙，定是她曾经的居所。打开宽敞的天窗，倾听夏天的絮语，随意地交流，欢畅而淋漓。那颗晶莹的露珠还散发出独到的酒香，贪杯的她定是一时醉了神，丢了杯，才留下这点儿琼浆。看，绿色的纸页上那纵横交错的叶脉，不正是她生活的随想吗？只是杂乱了些，倘若真正同她一样，敞开心扉，这点儿密语又怎会读不懂？

突然想做一个随心随性的人，像荷花一样，像君子一样，更像那荷中的精灵。

六七月的光景，赶上初夏的第一株荷，捎信告别远方的束缚，做一个随心随性的人。瞧，那半亩大大方方的荷塘中，有一点点逃逸出的芬芳，是我跟随荷花的身影。

菜园里的启示

苏艳玲

　　阳春三月，听奶奶说老房子前的园子里那棵大桃树开花了。每年夏天，吃着奶奶摘回来的大桃子，却难以在脑海中绘出一棵硕果累累的大桃树。这回，我要一睹桃树的风采了。

　　推开园门，我一眼就瞧见了那棵大桃树，粉红色的花两三个一丛或是并联，或是串联在细嫩的枝上。白中略带微黄的花蕊着实惹人喜爱。我多想这时有两只蝴蝶飞来同我一起欣赏这美景，可似乎这时节还没有蝴蝶。这一树的桃花像是一片朦胧的粉色的云朵，正轻轻地缓缓地从地面上升向天空，还有清新而不俗色、浓郁而不刺鼻的香气荡漾在空气中，让人感受到春天的生机。这菜园子里让奶奶收拾得还真是井井有条。奶奶说自己老了，不能再干什么了，只有这菜园还能种了，这也让她每天都有些新鲜的感觉。

我问奶奶:"这一树的桃花,将来要全部变成桃子,那得结多少呀?"奶奶满意而颇带自豪地说:"就这一树果子,蛮够我们这一大家子吃一夏天了。"我回忆起这棵桃树曾带给我的一个又一个夏天的香甜,不由地对它也心生赞佩。

奶奶拿着小铲一边种着菜一边说:"这桃树最近这三年每年都开这么些花,每年都结这么些果,看来今年暮秋要给它砍去些枝了。""为什么?"我满脸疑惑。"因为桃树每年都结这么多果,也会很累的。就像人,一旦下定决心要付出全力去做一件事,那么一定是可以办到的,但若长期这么费神下去,保不准哪天就会累垮了。所以一松一弛,劳逸结合才是最好的生活方式呀。"奶奶总结道。我有所感触,可是仍有些失落。"那么明年,把它的枝给修剪稀疏了,岂不是开不出这么满树的桃花了,那这园子可是少好大一份生气了。""明年开不出这么鲜艳繁密的桃花,后年这桃树才能更热闹呀。倘若连一年的休息时间都不给它,那它可就得像我这老太太的身体一样,每况愈下了。"我笑着说:"哪有,奶奶还很硬朗呢!""哎呀,不行了,老太太还有几年活头哟!"

我望着这繁华的桃树,似乎是站在一个高高的角度看人生:或许人生就如一杯茶,就是要细细品才能在唇齿间感受那特殊滋味。一股脑儿地灌下去,只能是解渴罢了。

所以认真地走每一段路，细心地品每一口茶，不要让盲目的"向前冲"占据整个头脑，有时候小憩片刻，驻足看一看远处的风景，说不定之后的路会走得更轻松。

门锁上了，我从矮矮的墙头还能望见这一树繁花，竟不曾注意有一枝已经探出墙外，让人想起"满园春色关不住，一枝红杏出墙来"的欣喜。我回头对奶奶说："到时让爸爸来修剪吧，他懂得这些。"脑海中，是后年一树比今年还艳丽的桃花……

童年的台阶

潘修远

我曾经踏上过人民大会堂庄严辉煌的台阶，也曾经登上黄山天都峰陡峭坚硬的石级。但最令我无法忘却的，竟是家门口那几级矮小而宽大的台阶。

门前的台阶是用没打磨过的青石板砌成的，因而显得丑陋而古怪。随着风雨的刷洗和每日家人们的踩踏，这石阶竟显得平整了些。

记忆中，曾经有这么温情的一幕——我温顺地坐在妈妈的腿上，而她则坐在这大石阶上，她柔和地抚摸着我的头，看着路上来来往往的车辆，就这样消磨一个下午的时光。由此，石阶也成为我回忆中一道温暖和煦的风景。

我依然清晰地记着第一次站在石阶上的感觉。那是一个闷热的午后，石板上小凹槽里的水映射出明亮的光泽。我小心翼翼地将稚嫩的脚丫放在了这青色的大石板上，一股清凉舒适的感觉从脚心一直蔓延至心头，像是一股流动的清泉漫过我的双脚，缓缓地流淌着，凉爽且富有灵动。从此以后，大石阶便成了我夏日"避暑"的好去处。

再大些了，与台阶的感情便更深厚了些。门口的大青石在岁月的销蚀下似乎变得小了很多，原先能装水的小凹槽也被磨平了，原来跳石阶的乐趣也都随着时间的推移消失得无影无踪了。我不再把它当作亲密的玩伴，不再整日不离地黏着它，我只是偶尔兴起时会在石阶上下级交错地跳着。平整光滑的石阶厚实而又稳重，在上面跳着有一种踏实稳妥的感觉。

就这样，不知又过了几年，那是一个具有纪念意义的秋天，我告别了家门口的石阶，走进了初中的校园。从此，我便很少再与石阶接触。偶尔回家几趟，它总是安安静静地立在那里，默默地用背托起了一家人的幸福，石阶如同一位朴实的天使，虔诚地守护着这个家，等候离家求学的我。不知什么时候起，石阶这一"守候者"的形象深深地烙在我的心中。

前些日子回到家里，发现青黑色的石阶被替换掉了，变成了华美的大理石石阶。当我踏在这新石阶上时，突然轻轻一滑，差点儿摔在了地上。华美的大理石远没有大青石石阶的稳重与踏实，亮丽鲜艳的光泽怎么也及不上大青石石阶的朴实无华。我开始怀念起那块陪伴了我多年的大青石，那个陪伴我度过了风风雨雨的倾听者。那是我童年时光中绚烂的一笔，它给予了我很多，也教会了我很多。

一个阳光灿烂的午后，我静静坐在大理石台阶上，细细地回想着那古老的青石台阶带给我的悠悠回忆。

落也精彩

赵翎聿

　　昨夜，冷雨滂沱，阴风呼啸，肆虐叫嚣了整整一夜。整整一夜，我总揪心着，后院那花开种种的娇弱怎敌得过如此摧残，想来也定是绿肥红瘦了。

　　清晨，雨停了，我便迫不及待地去照看那些可怜的鲜艳。

　　果然，满院的凄凄惨惨。

　　那些墙头青藤被无情地扫倒，团在了一起，本就不多的米色小花在藤上绝迹了，堆在墙根，软绵绵的再没有往日的伶俐，石榴树下鲜红一片，宛若泣血，华丽地铺满了灰黑的土地，冷漠着，依旧如霞一般。让人心疼的是那一株株小花，有的更是被连根拔起，悲哀地伏在地上，奄奄一息，看着这一地伤感，我突然有种葬花的哀怨，那么，我那一树初开的玉兰又如何了呢？

我不忍地瞥去，悲凉又深了一层，玉兰花落竟是如此！

土黄的花瓣就那样随意地掉在地上，像是岁月斑驳的木船，破旧不堪，无力航行，本来如铁锈般那样黯淡的颜色，又沾上了黑乎乎的泥点，在萎缩的落花花瓣上一点儿一点儿地爬行，吞噬掉了我对玉兰的好感。

虽是落花，怎么也该有点儿美感，不如落樱般纯美浪漫也罢了，竟连无名小花那样凄婉的逝去也比不上。

可玉兰开花时节，又是那么精彩，一张张细腻白皙的笑靥，迎风开在枝头，似张欲合的花朵在微风中轻摇身姿，倾吐芳香。她们像是生在树上的白莲，拥有着同样纯净洁白的倩影和丝帛般柔和淳厚的性格。

唉，可怜了这一树芳华！

不禁抬头望去，却发现那一树芳华根本不用我的怜悯。

又有一两朵玉兰花开花了，沾着清晨的露珠，沐浴着日光，孤独却骄傲地盛放着，还有些许嫩绿的花苞在努力地挺拔着。

真是惊喜！这几朵新出的玉兰似乎比上一批开得更加惹人怜爱，看着她们迎风挺立的姿态，我仿佛看到了这些落花的影子。

莫不是这些花的灵魂，早渗入地下，沿着根游回了枝头，奉献给了这些新的生命？

童
年
的
阶
梯

回首望去，石榴树下，落花依旧明艳如血，可枝头再无一朵石榴花鼓起来。

噢，原来玉兰落地后立刻老去，并不是因为她没有守驻青春的能力，也不是因为她不留恋曾经的美好，而是在为后辈增加新鲜血液呢。

顿时，那些残损萎蔫的玉兰花瓣在我眼中美丽、轻恬地荡漾开来，与其他的落花比较，玉兰花落，也精彩无比。

光影微尘

镌刻在书页上的年华

杜依琳

那些镌刻着岁月痕迹的书页给我的味道很特别。当我用双眼抵触那些泛黄的纸张时，一股从心底盘旋而上的沧桑之意便会侵袭整个身体，包括边页、边角留下的淡淡折痕，这些会让我的思绪蓦然涌起一阵潮流，那些漫延在我脑海里的饱含亲切怀恋的细小涓泉多半是关于爸爸和流年的遐思。

墨香是让人熟悉与回味的，只不过在那一摞从爸爸手里接过的书本上，我还闻到了岁月留下的陈腐味。由于本身对于纸页的眷恋大过那些无谓的鄙俗，于是在正式成为旧书的主人时，我还是决不动摇地用一种处变不惊的姿态掌控着自己的态度，而爸爸也一直对我说，书的年龄是可以穿越朝代、跨越古今的，它与人的智慧相继传承，只要你尊重它，它肯定会对你有价值。

我温顺自然地用洒脱的思想去抚摸这些破败陈旧的书本，它们的确是感知了一代年华。纸页泛黄微卷，没有平直利落的优美身线，和崭新的书册放在一起着实有些不堪。常年堆砌在角落里的缘故，它们本身已沾染了一种无法解脱的潮湿与酸腐，或许是由于内心种种的不平衡与某种不知名的情愫在扰动着我的神经，在某一天阳光灿烂的午后，当我瞥到这一堆搁浅在书架上的旧书时，竟心血来潮地想要晒晒它们！

　　一本又一本的书很快被我平摊在阳台的阳光处，那些跌落在书页上的尘埃在阳光下侧身、翻动，似无言地诉说着光阴的故事。或许是爸爸的话带我走进了一个思维的旋涡里，我回想着书页最初的美丽素净，于是用手拍拍灰尘，想用怀恋的方式来诠释镌刻在书页上的韶华。

　　为首的一本是字帖，光线明朗灿烂，使我可以很清晰地看清书页上的字迹。记得爸爸以前是很喜欢书法的，这使我联想起爸爸年轻时的岁月。必定是在几个漆黑如墨的夜里，他独守夜灯在崭新素净的字帖上描摹出一个又一个遒劲有力的大字，潇洒豪迈的笔锋必定在夜里使爸爸的嘴角上扬一抹弧度。欣慰的笑容里，爸爸开始在夜色中展望明天，年轻的身体里霎时沸腾起的热血使他开始为明天的步伐打下基础，夜灯下的身躯坚毅朗直，在我眼里渐渐由朦胧而清晰成一尊雕像。那时爸爸正年轻，也像我一样充满自信！

　　记得爸爸说过，他喜欢路遥的小说，于是我找到那本厚重的《平凡的世界》。小说的纸张已经泛黄，扉页上是清秀的署名，当时的蓝色墨水微微洇染着纸张，也许墨汁是比较好的牌子，至今也未褪落颜色。那时夹着这本书的少年应是怎样的？意气风发，鲜衣怒马，为自己得到的新书而欢呼雀跃，蹦跳回家，在石砌的小路上抖落尘土又溅起尘埃，到家后又固执地把门甩上，然后满怀希冀地打开封面，为自己的灵魂灌注下文学的力量。也许那时的爸爸也和我一样，对一切未知的美好而充满依赖与神圣的向往！

　　还有古典音乐，看到这儿，我竟愣愣地笑了，也许爸爸热爱它们就如我爱流行音乐一样，似流水般的曲调与蝌蚪大小的调皮五线谱肯定把爸爸的乏味与烦闷取而代之。或是在某个慵懒的午后，或是在哪个缺乏情调的夜里，把任务暂且放一放，把音符筑成城堡，当成自己心灵的憩地，年少的狂妄，年少时对于美妙的一时贪恋就这样流淌在古典音乐的大河里，这样的洒脱对于爸爸也是年少时才有的。瞧瞧如今的他，黑密的头发上突兀地冒出了几根白发，繁重的工作压力下，他如何还能享受闲暇，他永远不会忘记，在他的肩下，还挑着一个家！

　　而我又很庆幸，庆幸自己有一个随着书页而行走的爸爸。书老了，爸爸也不再年轻了，书页上镌刻了年华，同样也勾勒了一个父亲的成长，他不再贪恋年少的幼稚与天籁，开始仰仗一份更伟大的事业，也许书页是最客观明智的，残留着岁月的痕迹，带来它独特的温馨与隽永。它诉说着一个父亲的故事，沧桑但不朽，在阳光下蠢蠢地翻动着，唱着年华的赞歌。

我把书默默收回，我想镌刻在书页上的年华也必定刻在我心里了，急景流年，爸爸老了，可我却长大了！

光
影
微
尘

旧　　书

杨春妮

　　拂去粒粒纤尘，是斑驳了的封面，因为被同样的几本旧书压着，页页纸都古板而发脆地挺着。

　　点燃一抹蜡黄的灯，在光亮被黑暗湮没的地方，仿佛蓄着一泓清潭。静坐，用心去触碰集页中不衰的文字。

　　整个世界恍若在启页的那一刻停止声息，只允许心与文字摩擦发出的恬静的笑，忧闷而郁凉的叹，激情而沸腾的喜悦与满足，又有哀怨而孤独的泪泣。

迷失了方向，零乱地绽放

　　泛黄而微微粗糙的纸页里，突然迸溅出"你是那人间的四月天"。四月的天，春天。泛黄的纸渐渐模糊，又徐徐散开，缓缓明亮，看到一堤烟柳，一团软云，似绸；

看到春艳妩媚莹月下娇娆又天真的花；看到湖光跃金的叠浪中，一朵缭绕着素霭的青莲，在梦中摇曳；看到一裁绣作中灵灵戏梁的春燕。真的看到这么多东西？恐怕不是看到，是触到是闻到是听到，似捉迷藏时被蒙上的眼，闭上眼睛比睁着眼睛看到的更多。一本旧书，关于林徽因的旧书，一个才女写下一曲爱的赞歌，"你是爱，是暖，是希望，你是人间的四月天"。悄悄闪耀的，零乱而有序的文字，组成诗。她的思绪被密密地种在这书的每一个角落。

些许时候，读旧书便是如此，变成品味旧书。擦肩而过的文字，带来接踵而至的情感，模糊又亲近，伴着油墨味儿，纸香，书香气，文字似指间的沙粒，痒痒地滑过，说不准哪里是暖和快乐的，哪里是凄清温存的，迷失了方向，情感在零乱地绽放。

弦音一泻千万里，落无声

轻轻翻开墨气缭绕的一页，最先入眼的便是"空持罗带，回首恨依依"。物虽是，人已非。想那"多少恨，昨夜梦魂中"。亡国之恨，妻离子散之痛，自暴自弃后的郁哀怆绝，这是李后主"剪不断，理还乱"的情。我又臆想那西楼，楼上孤月，月下自又有些许的情感似蚂蚁般啃食着曾经那个"倚门回首，却把青梅嗅"的李清照，如今望满地落黄，寒笔轻洒一句"莫道不消魂，帘卷西风，人比黄花瘦"。因为她失去了她最珍贵的东西——前夫赵明诚的死，改嫁的痛，使她清朗活泼的性格转为颓郁悲情。人这一生也许会失去很多东西，有些不可能再得到的必成为切肤之痛。柳永因未金榜题名而就此"忍把浮名，换了浅酌低唱"。又有才子纳兰性德更深道"欲结绸缪，翻惊摇落，两处鸳鸯各自凉"。心里再痛依然是无力挽回，反而陷身于情淖。苏子有云："苟非吾之所有，虽一毫而莫取。惟江上之清风，与山间之明月，耳得之而为声，目遇之而成色，取之不尽，用之不竭，是造物者之无尽藏也，而吾与子之共适。"其实他并非不痛，他仕途不顺，报国无门；他爱妻早逝，促其断肠泪洒《江城子》；他不愿与世俗合污，而叹"无与同者"。但他做到释然洒脱地乐看一切。

我突然回过神来，发现手中的书页已洇上汗迹。旧书似有种力量，兴许是陈旧的原因，就像让人看到一些古城里，陈旧而有力紧锁的朱色大门；或闻到织满青藓的女墙里幽幽散着清湿馥郁的香气；抑或是一株安详地倚着另一棵树的古槐，洒满一地铜钱似的光斑。这种力量让人驻足，停住眼睛一点儿一点儿向下，一步一步向右或向左走的"脚步"。失去想向前阅读的好奇，会立刻刺激你的神经引起联想，使原本平静的心溢出酸的甜的苦的滋味，最后迅速收回你不停溯水而上的思想。这种感觉似一曲弦音一泻千里，将末则悄悄绝响，让你不愿再想再看，只想静静注视着用"旧"字形容的它，回味方才的满足。

旧书将尘封于窗子以外，千百年前的影子薄薄地含着。看到旧书，它是那样端庄而亲切地躺着，宛若一只白莲矜持地端坐，教人只可远观，不可亵玩。香远益清，抚平灵魂每一个浮躁的细胞。旧书有无穷的魅力，从看到它的第一个字开始，身体便仿若行于香雾四起游雨戏莲的湖面上，只能静静顺从它未名的感觉；旧书永远看不完，每走一步都使你流连。它让你学会思考，学会敏感地捕捉每一丝情感的变化，学会流露内心的感情，学会不由自主地去寻觅美，创造美。

旧书所写不止所写，旧书之情不止此情，它是出水之莲，虽放冥夜仍熠熠生辉，尘灰掩不住其清气，暗隅反衬其精贵灵华。

旧书渐成为我不可遗失的动力。

杜甫的不朽

邓 楠

　　文化名人的名号前，往往被习惯性冠以"著名"或"伟大"二字，却少有用"不朽"一词的。这个抽象的概念多少显得过于沉重，然而，杜甫却必然担得起这二字的重量。他的命运恰是整个唐代由盛转衰的写照，他的诗句，亦是人民苦难的缩影。

　　杜甫的肩上扛着的，是积蕴深厚的文学界在唐朝由盛及衰时期的波澜壮阔，是国家、人民的命运之忧。于是，他的生命便被赋予了历史一般的厚重，自然，亦如历史那般不朽。

　　七月盛夏，再访草堂。

　　顺着石铺小路，穿行于阵阵竹林的荫翳。天色微微阴沉，偶有几丝小雨绵绵，小道确也不宽，便平添了一分曲径通幽之感。有些闷热的夏日，连绵的绿荫和泠泠的碧水，足以掩遮四周的喧闹。却不能得知，在乱世的喧嚣下，杜甫的心境是否也能如此宁静？曾有人质疑，那时的杜甫寄人篱下，栖于茅屋，这偌大的竹林，精致的小亭或有画蛇添足之嫌。然而我想，杜甫的心中，其实永远存着这一片竹林与那一份正直和淡泊啊！所以，这佳木吐秀，泠泠碧潭，本不在茅屋周围，却必在杜甫心中。

偶然注意到在路旁石碑上，冯至的一句话："提到杜甫，人们尽可以忽略他的生地与死地，却忘不了成都的草堂。"

忘不了的，自然也不仅仅是那座小小的草堂。来游的人，大多是熟背着那首《茅屋为秋风所破歌》而来，无奈与苦难中自然是杜甫的气节，也自有那个时代的最强音。

杜甫作为诗圣，梁启超更称其为"情圣"，源于他情感的深沉与真实。在众人安乐于太平盛世的虚幻时，他的眼睛，却将下层百姓一点一滴的痛楚与叹息看得清清楚楚，毛笔饱蘸着浓墨，纸上的一笔一画，皆是异常沉重。那份沉痛的悲哀，一定是真诚的，并且亦是真实的。"朱门酒肉臭，路有冻死骨""郑公纵得归，老病不识路"，杜甫的深刻，源于他能看见他人难以发觉的事物。而若无清醒的认识，正直的品格，要做到如此自然绝不可能。在他的"三吏""三别"里，便有《垂老别》的"老妻卧路啼，岁暮衣裳单。孰知是死别，且复伤其寒。此去必不归，还闻劝加餐"，《新安吏》的"眼枯即见骨，天地终无情"。虽是以第三者角度写，却仿若是写自己之情。心中若是不能深刻地感受到他人的情绪，又怎能为他人之苦之乐而悲而喜呢？杜甫为何能做到？正因为，他原本是所有人中的一员，原本便将心灵深深地融汇于民众之间，所以，这个命运悲苦却不朽的大家，才能清楚而深刻地触摸到一个时代的悲哀。

"圣"是赞美工部的同情心之高，然而又并非所有具有同情之心的人皆为"圣"。为何？杜甫乃是将自己命运放入了所有人的命运，而绝非从旁视者的角度悯惜，施舍甚至于俯视，于是，他的视角便开阔，也清楚得多。自然，唯有将心与人民，与国家，与时代融为一体的人，才会与他们同存亡，共命运。所以，当我们想起"忧国忧民""晚唐"等等，便会立即联想起他。他，便是不朽的杜甫。

回过头，先看杜甫草堂。

不禁要再提起那千古流传的名句："安得广厦千万间，大庇天下寒士俱欢颜！"初读时，尚觉与前文基调对比，稍显得有些突兀，也不乏学者质疑杜甫所言甚过。然而，再品时，才发觉杜子美确有如此胸襟——他对于下层社会的悲哀看得真切，于是，便能将他们的悲哀看作自己的悲哀了。

沿路再行，便途经三尊塑像。

三尊杜甫的雕像，便是三种各异的姿态，然而脸上的表情却又相互吻合——但凡雕刻的杜甫像，无一不是两道紧锁的眉，一脸悲苦却又凛然的神态。杜甫是位多情的诗人，但他的情，建立在朋友亲故、国家民众的身上，于是他的诗作，写悲情的极多，感叹时事政局的也多，以至于少有流连景物的。不过在我看来，这份永恒不变的"悲"却也恰为其"情"之精髓。

其中之一的铜像，身躯似成一钩弯月，杜甫双膝跪地，眼睛远望前方，恍若眼前，便是山河破碎，便是悲苦民生。是的，杜甫何时而乐？唯有国家安宁，百姓和乐之时啊！杜甫的喜与悲，应该说皆是尤为真切的。无论是"剑外忽闻收蓟北，初闻涕泪满衣裳"的喜极而泣，还是对友人李白"死别已吞声，生别常恻恻"的担忧，或是对百姓"势异邺城下，纵死时犹宽"命运的叹惜，都源于其亲身之历。他的忠君爱国，想必早已不必赘述，也可见，杜甫的文笔大多牵着时代的沉重与国、民之命运。这样沉重的笔下，又怎可能时时流露出喜悦与轻松呢？

也许这正如范仲淹所描述的古仁人一样吧——然则何时而乐耶？其必曰："先天下之忧而忧，后天下之乐而乐乎！"杜甫的一生，大概为官的日子亦不足几个月，然而处于"江湖之远"，他却为天下"忧"尽了他的整个人生。

从这个角度看，其实，杜甫的"忧"，正是他内心有担当、有责任感的最好证明。

在那个人皆乐于盛世的年代，一位没有担当、缺乏抱负之人，怎么可能为国家，为下层人民而苦而悲呢？是的，杜工部是那个时代唯一清醒，亦是唯一一位敢于担当的智者和贤士啊！

是的，杜甫的不朽，在于他诗文的不朽，更在于其诗文内质的不朽。

中国的语言文字无疑是常青而不衰的，而杜甫亦与中国的语言同寿命。因为，杜甫的诗，是中国的史实，是文字的精髓，是中华文化的浓缩。

故 乡 归 思

郑晓宇

> 葬我于高山之上兮，望我故乡。故乡不可见
> 兮，永不能忘。
>
> ——题记

总以为，游走于台上台下梦里梦外的我，早已忘记了心灵深处的一份悸动。泪眼蒙眬中剩余的只有无限的寂寞感伤。可在不经意间，故乡，却悄悄在浑浊中沉淀，浓缩为最精华的词语，叩响我紧闭的心扉。

席慕蓉说："故乡的歌是一支清远的笛，总在有月亮的晚上响起；故乡的面貌是一种模糊的怅惘，仿佛雾里的挥手别离。"是啊，故乡总是人羁旅途中心灵的归宿，是游子无论如何也剪不断的联系。或许无意间在江南走过，看到了等待在季节里如莲花的容颜，又或许在漫漫大漠

中，于迷茫的风中偶然发现了前世的爱情，但是，脚步是从来不会停歇的。养育过滋润过自己的土地，总是难以割舍，即使在转了一圈又一圈也依旧会回到故乡，因为，她给予了我们最纯真的性格，最淳朴的本质。

相比于李清照"故乡何处是，忘了除非醉"的悲伤，相比于余光中"乡愁是一湾浅浅的海峡"的无奈，相比于李煜的"别时容易见时难"的哀叹，我是幸运的，因为我无时无刻都能踏上那份心灵的净土，碰触她的体温，感触她的慈爱，即使是在痛苦之后。

小时候的我，脚踏黄土背朝天，确确实实在乡下住过几年。那时的我，宛如一株正在拔高的向日葵在故乡的风中摇曳，追赶着阳光，迎接着雨露。每当清晨姥姥姥爷上田，我就会坐在田垄上望着他们挥汗如雨的身影发呆，一坐便是一天。柔软如棉花的草儿是我的最爱，初春的草还未能没过马蹄，轻轻抚弄，痒痒的让人好不喜爱。而拥抱太阳的花朵，细如针尖的绿芽都无时无刻不牵扯着我的思绪，任它在空气中游离飘荡。虽然故乡没有"三秋桂子，十里荷花"，但却有"小径红稀，芳郊绿遍"。就这样，一天悄然而逝，伴着如血的残阳，姥姥姥爷结束了一天的劳作，背起行头唤我回家，我才依依不舍地拍拍小脚丫上散发着馨香的泥土，翘着羊角辫追赶升起的炊烟。

但是，五岁之后，我告别了农人、农田、农家，离开了"湖水绿于染，野花红欲燃"的小村庄，回到了父母身边，回到了冰冷的城市。而那袅袅的炊烟，那本不该割舍的故乡归思，却在城市的穿梭中被交叉的电线划断。五岁到十七岁的时光，我完全浸泡在城市忙碌的海水中，心中的一份质朴也由于与城市的忙碌格格不入而被打磨得没有了棱角。我不敢停下脚步，我不愿意我的人生成为一条曲线，磕磕绊绊中又回到原点；也不愿意我的人生成为一条直线，忙忙碌碌终其一生仍无法到达尽头。现在的自己，已经忘了那种赤脚踏黄土，张开双臂拥抱微风的滋润感，脑海中充斥的只有一张张面无表情的脸，无限的冰冷的水泥地面和压抑且掺杂着无数汽车尾气的空气。

我经常站在城市的另一端，笑看灯红酒绿的城市夜景，笑看牵着手来来往往的男女，笑看五光十色的霓虹灯编织出一个个诱惑人的美丽。而这美丽宛如罂粟，静静地在记忆中流淌，让人沉醉，却又在沉醉中夹杂一丝疼痛，仿佛心中的一角被狠狠地挖去，流着血，伤口又不住地被再次硬生生地撕裂。我不知道怎么去评价这个城市，只知道，在她的怀抱里，我的累愈发凸显，冲击着我的头脑，让我手足无措。

原以为，就会这样麻木了。

可是，"故乡"却不知道什么时候再度在我耳边响起，从一开始细微得几乎听不见，逐渐放大，放大，直到现在如怒吼咆哮，如惊雷声惊醒了心中沉睡的思绪。这个声音，看似全无，却是大有。突然间，心底深处的一角意外地柔软下来。那一个被我忽视已久的词语在沉睡后以一种前所未有的力量爆发出来。这一刻，我仿佛又看到了"郁郁林间桑葚紫，芒芒水面稻苗青"的田野，看到了召唤着我的心中的净土。

离别后，故乡是一棵没有年轮的树，永不老去。我顺着心灵航行的方向，寻到了那本已经断了的炊烟。故乡，在那个遥远的地方，好久不见的蔷薇花是否在依然开放？好久不见的春燕是否依旧在呢喃？好久不见的白云是否仍点缀着湛蓝的天空？我不知道，但我急切地想知道。冥冥中，心中有了一种"近乡情更怯"的感觉，我害怕那个我心灵中向往的净土，已经感染了城市的病症，变了样。

"昔我往矣，杨柳依依；今我来思，雨雪霏霏。"再度踏上故乡的泥土，的确是在一个蒙蒙细雨天，心中不免有些感动。值得庆幸的是，城市的喧嚣并没有浸染故乡的淳美。慢慢地行走在小时候无数次奔跑过的田野上，心中所有的急切都化作了"莫恨西村归路远"的感情。不同于城市，这里的一切依旧如是。或许是回归自然的放松，又或许是找到了灵魂的定位的快乐，让我欲语泪先流。故乡，我永远的家，她不会走动，不会随着科技和社会的发展变得美丽妖娆，更不会弃我于不顾。她永远在原地默默等待，依旧是那片天，依旧是那片水，依旧是那片云，等我的心累了，疲了，再张开她的双臂拥抱她回头的孩子。

虽然，明天我依旧会走回教室，依旧会埋头苦学，

依旧会麻木地做着一张又一张的试卷，但我的心不是孤独
的，因为，故乡在我心底柔软的角落永远地陪伴着我。

　　我终于又走回了心中的净土，那是一种凤凰涅槃后的
新生。世界上最永恒的是时间，时间赋予了我们永恒的记
忆，而故乡又让记忆得到了永生。故乡，她不仅培养了我
的性格，更让我在忙碌的生活中，在迷失自我中，为心灵
找到了一个安放地，抖落身上的尘埃，清洗掉满身尘世的
味道，以新的面貌迎接新的生活。

　　阳光中，我仿佛又变成了那个赤脚的女孩儿，在田野
中放肆地奔跑……

古井无波

张　轩

　　她从山重水复的梦境中走来，带着她对人生的眷恋，带着她夏日的私语，带着她血管里流淌着的贵族的血液，带着冷漠而又美丽的面容，从远处走来又华丽转身向更远处走去。

　　与一般女人不一样，她以超越于同时代大多女性的姿态走来，冷淡的目光扫视浩浩如流的人群，那目光越过平民世俗的湖面与市井洼地的积水，没有过多的愤世嫉俗，只是冷眼地观看，看过了眼前的一切，于是，另择蹊径，躲避着世间的繁乱与忧烦，脚步轻轻地生怕沾上一丝泥水，孤僻地走向旷寂无人的山峦。

　　她，就是张爱玲。

　　张爱玲以自己的方式营造出一个世界，在那个世界里只生活着她自己，高贵、优雅、平静、孤独、淡漠。整个世界变成了一个符号，人也变成了符号，人的情感深处那悲欢离合生死爱恨也皆尽是一个个符号，她在种种的符号中以求一种超然。

在那民族危亡之际，上海滩有人迎风播火举旗为民族呐喊，有人奋不顾身舍己浴血，有人畏缩怯懦观望徘徊，可也有人正忙碌于一己名利陶醉于自恋般的自我展示中而自顾不暇……每个人都在自己所处的位置上做着自己的事情。而她既不关注政治，也不担心民族的前途和命运，也不做社会上闪亮的人物，而只是关心一群普普通通的世俗中的男人和女人，用自己手中的笔着意刻画着与她同样没有政治概念、忙于个人生存奔波的小人物。世事一切冷漠，世事与己无关。

凄美而又奇异的张爱玲，天赋的才情，宿命的孤独，深刻的感悟，寂寞的人生，都于那一缕淡漠中舒张一种天性。"苍凉"是张爱玲最喜欢用的一个中文词汇，殊不知那正是张爱玲的时代历史和生活的底色。

张爱玲一生经历跟温馨几无关联，她的母亲第一次留学法国，给童年的张爱玲扔下了一片寂寞的天空，她在那片天空中很少有儿童的欢笑；她母亲第二次赴法国，留给了少年的张爱玲一片荒凉的海滩，她在那片海滩上忍受着孤独与寂寞；她父母婚变的那场风波，除了丢给年少的张爱玲许多的悲苦与凄凉，还留给了她与其年龄不相称的对世俗道德、爱情、婚姻的诸多思考。张爱玲是在继母的白眼嫌恶与百般刁难下长成少女的，人间冷暖深得体验。人生的磨难与天赋的才情并行于她的生命中，尖利的山风吹拂出张爱玲苍凉、冷漠的性格。

冷漠不是女人的天性，离群索居不是天才女人的生活方式。她站在出世与入世的路口，一个苦难者的呻吟中带着古典的音律，冷漠的生命里震荡着人性的激情。一个默守着精神世界与现实人生相分离的舍利，看似是被理性包裹着的躯体，却还沾染着世俗中的欲念与痛楚，生活的情境中依然流淌着梦幻般的对人生的渴望与追求。爱情，让一个如鹤般孤傲的女子卸除了全身的锐气，绽放出夺人的温柔妩媚。然而她选择的胡兰成并不是她的幸福归宿，爱情大山终于崩塌。原以为贵气的家族能给天才的张爱玲铺就光明大道，可是昏庸的父亲摧毁了她童年的幸福；原以为自己将永远迷恋于对文学艺术的追求中，不问尘世，没想到自己也会带着小女人的情感赴约世俗的才子佳人的剧目；原以为成熟的男人能补救缺失的父爱，没想到自己倚靠的是南柯一树，虫蛀不已，其行了了。可怜的张爱玲，一个唯美的爱情至上的时代女性，将自己的肉体与灵魂都献上了祭台，她终于走向了彻底的冷漠和孤独。

孤独在人生当中的确是一种无奈的苍凉。只有当一个人自己咀嚼那种无助无奈的苍凉时，才知道孤独是一种多么可怕的东西。那被别人看上去是凄美的孤独，实是一个人心灵中的苦难，如镣铐般冰酷，似狱刑般受难，像笼中的鸟儿眼望着天空却无法展翅飞翔。

生命是一袭华美羽毛包裹着的肉血，灵魂则在苍凉荒野中寻梦行吟。生于没落贵族之门，从流于豪华烟云之中，受过良好教育，经历过家事变迁，走过婚姻泥沼，历经过人世沧桑的张爱玲，就这样载誉于轰轰烈烈，结局于凄美惨淡。

有人说张爱玲是平凡与传奇、静谧与交响的混杂体，她的人生轨迹就像一只飞蛾的翅膀在夜空中划过的曲线，变幻莫测又神秘彰显，招摇着一种特殊的神韵。

其实，她只是老井一口，苍凉、深沉，而又淡然无波……

觅

马睿真真

　　一直以为，书是懂我的。

　　比起漫步山林，比起满汉全席，比起公园游乐场、电影，我从来都更愿埋身书海。风过指间，淡淡油墨清香似有若无，在眼前幻化出一个又一个让我依赖的身影：惆怅若易安，睿智如莎翁，温婉之冰心，还有深沉之雨果……

　　那些始终被我挚爱的过往啊！他们的笑意，他们的泪迹，他们的思维，他们的愤慨，他们的思维中曾闪过的爱、善与真理，便都汇入我脑海中，挥之不去。读之，似乎便可听到当时他们心中的颤动。这，便是朋友间的息息相通吧。

　　偏爱三毛和容若。

　　如果说其他所有人都是朋友，那么这二人，便绝对是知己。

清冷的思绪，炙热的感情，美到极致又淡到极致，有些惆怅，却也是极理性极缜密的思考。冷与暖，理性与感性，忧郁与喜悦，都在这个奇女子的笔下完美交织。永远以宽容而温暖的一颗心细细触摸万丈红尘，却又从不一味写光明颂歌。敢爱，敢恨，敢做，敢写，明明是零度情感的叙事笔触，却字字蕴情，句句蓄意，段段达思，从每个角度将世事雕镂，情理分明也交融。

这样坚强又细腻的女子。这样精致又素淡的文字。

相信吗，因为一阕词而爱上一个人。四年级第一次在课本上读到容若的词《长相思》，豪迈霸气的词句，又弥漫着淡淡的乡愁。一眼，即被打动。从此陷在他长短句的世界，"人生若只如初见""当时只道是寻常"，空灵，清澈，直指人心。他是八旗豪门的子弟，他是惊才绝艳的才子。他的容貌，他的才华，他的家世，他从来都是上天的宠儿。可他却如一泉新水，干净，简单，纯净到让人心疼。浓墨，轻蘸，红笺，流年，他在诗与词的轩台流连。

这样清澈又执着的男子。这样繁复又简单的词句。

三毛和容若都有着相似的内心世界。执着，也许不被常人理解，但即便伤痕累累，也会无怨无悔走到尽头。纯净，好是好，坏是坏，爱恨都轰轰烈烈，只有简单，不要算计。他们是瓷器，碎了就是碎了，就算可以被无数次拼合，裂痕还是会清楚地记录每次的伤痛；他们亦是碧潭，任凭刀光剑影，也归于无形。

他们，简单而清澈的他们，美好到让人心疼。

合上书，被搁浅的记忆再度纷飞。

我踮起脚，又取下一本书。

新途觅，风景异，何处是头？

淘 书 之 乐

高 静

　　多年前，曾看过一篇文章，作者享受于淘旧书的快乐中，在旧书摊上搜寻自己钟情的书籍，书已发黄或是破损，感受着作者的情感与主人对它的珍爱的交融，想象当初是因何事，主人不得不将它们低价变卖，一一爱抚，然后是如何依依不舍地告别自己的爱书。一张张磨损皱折的书角，每句话的细心标注，足以表明主人是怎样用心地捧着它在灯下苦读。还有扉页上标注的名号或印章的印记，不知在名家手中收藏了多久，也许是因家道中落，情非得已，也许是过世后子孙败落，没有理会父辈的嘱托，低价出售。旧书就这样比新书多了一些故事，多出一些神秘的色彩，它流转的故事就如同它本身的分量一样厚重。那时真想做一个淘书者，去亲身发现、了解、聆听它们的故事。当时只觉实在可惜，在我所处的小城市，实在不会有如此的名家、名人，甚至是久远的好书了吧！于是，美好的淘书者角色被自己弃下了。没想到，多年后我真的发现了它们的集结地。

那是一个还算大的旧书摊，地上齐齐地排列着几排书，还有一些杂志、报纸。这里的旧书包罗万象，从散文、传记、神话、医学、编织、励志、雕塑、国画、格言，到发黄的《抗战日报》或《毛泽东语录》，还有一些书店剩余的书，一直没等到钟爱它们的人，有的甚至还未开封过。书摊上支起了大大的布棚，挡住了烈日的暴晒，我便可以舒服地慢慢浏览。有些很新的旧书翻到扉页才发现是从图书馆淘汰的，上面还粘着借书卡，写着不同借书人的姓名、日期，田某、刘某还有孙某，孙某借的时间最长，应该认真地看了好久才不舍地归还吧。一次偶然发现几本散文集，红色的印迹印在了书的侧面，漂亮的连字"天逸塘"，不知是谁的名字呢？这一定是她（他）十分喜欢的书吧！连掀起的书角都被细细地抚平了。这些不知名作家的作品就这样与我在多年后相遇，相知，我再次认真地进入他们描绘的世界，体味着他们的快乐与悲伤。

书摊的主人是一个矮小的四川女人，她总是静静地看着我们一群人像淘金一样东翻西找。每次选好后走到她面前，一扬手中的书，她便说一个价格，总是少于十元。我仍想要再低一些，但始终摞不下面子，在大庭广众下，对着书，两人不谈学问谈价钱，毕竟还是有些市侩，还好价格还可以接受。

　　每次走过那条街时，总会去看一看，带走一些拥有故事的书，成为自己的珍藏。不知哪一天我的书也会辗转流落于书摊，又是谁会将目光落在它的身上，满心欢喜地抚摸着那些我曾经抚过的痕迹，慢慢地品读作者、我，以及他或她曾经共同的情怀呢？

故　乡

刘瑛琪

昨日便坐晚间的火车回了故乡南票。

这是个小小的，双脚便可以走到尽头的城镇，但是所有美好的根都可以在此密密地长起来，连成一段好长好长的路。

我羞怯地爱着它，却也只敢在这沉默的字迹里，吐露出细微的心意。

我在这冬季的夜里，穿过一片片宁静的楼群，一直向北走去。过去我常常在北局玩耍，沿着那一条龙一般蜿蜒的火车道，张开手臂，仿佛是一只振翅的鸟，摇摇晃晃地走过去。我那时无比羡慕走在我身前的人，他们的步伐竟那般迅疾，在高处从容地望着我。到我终于可以踩踏着钢轨奔跑时，我便欢喜得不知如何才好。心中虽然是怯懦，却仍要紧垂着头，脚下生风一般地奔跑——快一些，再快一些。我在迎面的凉风里，小心翼翼地穿过铁道，这漫长的一条黑线，消失在黑暗的尽头，消失在那不为灯火所惊醒的沉默里，写下无数不语的怀念。我曾在这里无数次摔倒，无数次划伤夏天裸露的脚面，却也无数次地开始新的故事，闭起眼，便有一种乘风破浪的勇气。

太姥还居住在火车站附近的平房里时，我常独自一个人沿着狭窄的梯子爬到屋顶，抱着膝盖观望天上的群星。这是一种超脱了梦境与浮尘的平和，我仿佛坐在云层里，坐在淡淡的雾里，只有那细微的交汇成十字的银星，穿透无比漫长的许多许多年，抵达这一刻的我的眼中。黑暗中的鼻息，忽而不再是沉重的，它逐渐变幻成一个与我一样的女孩儿，一样栗红的短发，一样面对着繁星，面对着内心的独白。我想到了最爱的小王子，还有那一颗无比微小却又埋藏着自己故事的小星球B612。那"无数个会笑的小铃铛"，也可以算作是小王子在书中赠予我的吧。我在起初读到这一段时，察觉到一抹深意，却又无法猜透，但在成长后也终究知晓，那一个礼物，正是有所爱、有所怀念的宇宙——沙漠中有了一口沙沙的井，就有了远方；孤独中有了一段爱，就有了梦想。

我爱着这故乡，也是这一般的原委吧。因为这其中埋藏着我年幼时的奔跑，埋藏着我在低矮的楼群间，一路飞驶时的日夜，于是这小小的故乡，也能发出无比的光来。那么，随我在夜色下穿过这山与水，一路向北吧。

有书相伴，真好

陈玟州

痕痕曾经说过："生活是一块巨大的果冻状物体，当你重重摔下的时候，会因为反作用力保持原有姿态被弹起。"当时看到这句话，我只是一味地喜欢，并没有往"人生"那更高层次面上去诠释，只觉得，若生活是果冻，书籍便是加在其中亮得晃眼的色素，当你摔下时，看到那赏心悦目的颜色，觉得生活还不至于太黑暗，从而还会养精蓄锐等待下一次弹起，就在"起"与"落"的过程中，从一只臃肿的蠕虫渐渐蜕变为一只华美的蝶。

我觉得，看一本好书，就如你在深秋趴在窗台上往外看，发现窗外纤弱的小树被吹得瑟瑟发抖，但当你只披着一件毛衫出去时，却发现并不冷，不至于让你裹紧衣物御寒或往手里呵气取暖。这种感觉，让人有一种真实的存在感和归属感。一本好书，或许并没有"多么伟大的神力"，它能做的，只是当一叶小舟几乎耗费所有精力来战胜一个在别人眼里根本不算什么的浪时，适时地赐予你一轮红日，让你明白还有希望，不至于湮灭掉你全部的勇气。就像"读万卷书，行万里路"中所说的那样，路还是要靠你自己走的，只是它早已给你铺设好沿途美丽的风景。

我不知道应当怎样去评价一本书的好坏，我会下意识地去喜欢或讨厌，不需要任何理由。每个人的喜好也是不同的，没有任何人能左右另一个人的思想。就像喜欢一本书，也许它在别人眼里并不怎么好，但这无所谓。就像我，喜欢海蓝色的封页，喜欢马尔代夫夜幕降临时海平面上冉冉升起的星星，喜欢美杜莎优雅地抱着竖琴这样突兀的画面，喜欢看上去如玻璃般易碎实则坚韧如春草的句子。好像只为"看书"这个平实的字眼，只为静静地融入那终成永恒的意境去升华我的灵魂。看一本好书，就该似这般，心或许并没有纤尘不染，但至少已是拂去厚厚一层灰的。

我觉得小说犹如另一个世界，而我站在这世界上最圣洁高耸的珠穆朗玛峰上俯视"月有阴晴圆缺，人有悲欢离合"这个自古以来就不曾改变的规律，或虔诚地祈祷，或泪止不住地流下，跟随这个故事直到结局。韩寒在《长安乱》一书的后记中写道——"书中的故事是永远没有结局的，因为你终将回到现实"，好书就是这般，留给人臆想的空间。

我买《下一站，神奈川》，仅仅只因为莲有《下一站，伦敦》，很简单的理由。自己就这样不明所以、浑浑噩噩地看着，倒也喜欢上了这种简单的感觉。小时候的自己每每看到日本岛在地图上窄小得如一根火柴的国土，便迷惑着，这该是怎样一片土地？古代日本女人在我心中是很美的，大大的发冠仅用一支简单的木质簪子固定，再加上花色美丽的和服，撑一把油纸伞，斜倚樱花树，望着盛放的"樱花雨"，说不出的典雅与端庄，透露着东方女子的知性美。合上书页，自己也很想背上行囊去一趟神奈川，去自动贩卖机里取一瓶冰镇饮料喝下，去看所谓"不死"的富士山，去拥有一只和郭敬明一样限量版的玻璃杯，去触摸神奈川温暖湿润的海风。

在这个夜晚，眼前浮现出海子面朝大海微笑的恬淡，郭敬明站在爱与痛的边缘俯视那些明媚又微凉的青春，张爱玲身着旗袍迈着小碎步姗姗而来，还有浅川被香樟遮盖的盛夏和夏沫头上飘着的寂寞绿蕾丝。

我心中的好书，真的只要自己青睐就行，就像木糖醇中的益牙因子一样，单纯而美好。

光 影 微 尘

——致北京

赵 雪

这是个怎样的城市。许多人到来，拼搏，功成名就。它不声不响地接纳，没有欢迎和欣喜，更多的人离去，挣扎，黯然神伤。它不言不语地凝视，也无挽留与悲哀。它静卧在那里，冷漠下波涛暗涌，喧闹中故事纵横，这个至关重要的城市，每天被无数脚步声惊起，翻卷着细小的尘埃，流动成灰蒙蒙的雾气，形成我所看见的北京。

算起来，我是它的常客了，因为与它住得近，来来往往的数目，不下十几次，而我总觉得，自己与这个城市，没有丝毫的熟悉，每一次，它是一样的，而感受却不一样。它和我那么近，却又那么远，在我的感觉里，它是明黄的琉璃瓦，是庄严的纪念堂，是硬线条的北风，是那抹永远陌生的微笑。

南锣鼓巷·北京

没有胡同的北京不是北京。

我庆幸北京至少拥有南锣鼓巷。因为那里，还有一点儿当北京仍叫北平时所保留下来的记忆。

南锣鼓巷的正中是一条长街，各式各样的店铺，熙熙攘攘的人群，热闹并且幻化。而从这条长街延伸出来的，便是老北京的胡同。与长街相比，胡同的气氛便清冷了许多，红漆掉落的四合院，老式的自行车，高大而静默的树木以及偶尔走过的一两个翁媪，如若不是亲身经历，我不敢相信这里与那条长街只有一拐弯的距离。好似有一种屏障，把这些胡同永远笼罩在一种专属北京的古老气息里。

在这些胡同的入口处，立着一块小木牌，它们是证明这里曾经繁华的唯一标记，许多名士都曾经在这儿拥有过自己的住宅，站在窄窄的路中央，会突然有些恍惚。百年前，或许有过亭台楼阁的繁华，或许有过才子佳人的浪漫。黄包车夫的吆喝声曾唤起清晨的白雾，傍晚掌灯的侍女曾在糊窗纸上映出影影绰绰的轮廓，遥远时光中，他们的影子越来越浅淡，最终变成了我脚下所踏的空白。正如长街中一家小店的名字所说："昨日，今倾。"当那些上了年头的可以被称为"历史"的往日，长久地居住在一个地方，那地方便惹了尘埃，却也沾了灵气，一草一木，一栋一梁都开始渐渐地学会诉说，很多时候，它们自己做自己的听众，将与自己的对话挂在某一面斑驳的墙壁上，某一片枯萎的叶子上，静静地等待。这等待也许很久，也许是瞬间。而终于，我们来了。

在一个胡同中，我有幸遇上了一家可以参观的住宅，仍是最典型的四合院，不过这里的院落保存相对完整，也沉淀了几代人的生活气息，这个家中摆放着略施一二句讲解的木牌，而真正的叙述者，是一位老奶奶，在老人不急不缓的叙述下，那些闪烁在旧年代里明灭不定的事情显得无比真实。老者的爷爷曾是位两广总督，而父亲则是清华大学的毕业生，老人家至今仍存着爷爷上朝时的行装和父亲的大学毕业证书。在这些旁边，是一张黑白的全家福。"这是我们全家的照片。"老人的声音略微顿了一顿，才伸出手指向照片，"那个就是我。"

我顺着老人指的方向看去，那尚是一位少女，圆润的鹅蛋脸，乌黑碧清的一双妙目，整个人身上流露出一种清浅的优雅，好像金瓶里的一朵栀子花。而其他家人，亦是眉清目秀，透着一种冷静、从容和高贵。

张爱玲说："照片这东西不过是生命的碎壳，纷纷的岁月已过去，瓜子仁一粒粒咽了下去，滋味各人自己知道，留给大家看的唯有满地狼藉的瓜子壳。"她说的确实没错，所有人都明白那是一个怎样的时代，而老人到底经历了些什么，谁也不知道，那照片中的妙龄少女和如今的霜鬓老人之间毕竟隔着太远的距离，我过不去，他们也过不来。

在离去的路上细数了自己在南锣鼓巷的种种，竟一时矛盾起来，如若以它给我的体味和感悟来讲，我固然是欣喜的，但就此而论，当我看到拥挤的纪念品店和在冬风中萧瑟单薄的胡同时，心中浮起的惆怅，又是什么呢？

艺术启蒙·北京

我总是不知道该用什么语言去描述那些艺术品，夸赞它们绚丽的色彩，美妙的构造，传神的表情抑或是其他。对于我来说，它们几乎变成一种高贵而渺远的神圣，让我迟迟不能接近。

而在国家博物馆里，我们终于遇见。

仿佛几千年前它们就存在于此似的，与这静默的时空悄然对峙，流年光转，它们仍然不曾褪色，我爱那高傲的贵妇，英俊的青年，爱那粗犷的山野，广袤的森林。在这里，我甚至爱残酷的战争和黑暗的死亡，它们被某一只手，某一双眼睛记录了下来，难以想象的，沉睡了许久，而到了它们苏醒时，诋毁显然太过愚钝，而极致的赞扬却又过于轻浮。在这个地方，有些事情纯粹到只适合信仰。

我在这殿堂中却只能想象，想象在天地尚是混沌之时有一颗名为艺术的种子已经偷偷埋下，火光煌煌的动乱不曾湮没过它，琴怨笙歌的奢靡不曾掩盖过它，它肆意生长，挑拨起洛可可式的甜美维多利亚风格的华丽，巴洛克的大气，也簇拥出毕加索的幻想、梵高的疯狂。我愿以一幅作品来告昭我亲眼所见的这种斑斓——大约是18世纪的法国，洛可可风格盛行的时候，贵族们在一个甜腻而悠闲的午后漫步，少女们紧身束腰，夸张的大蓬裙毫不含蓄地张扬自己的俏丽，在树林中，等待有那么一位有着笔挺的礼装，得体的礼节的绅士，来领走她们的美貌与贞洁的爱情。青春在这里悄悄流淌，如果凑近观察，甚至能够看到人物脸上泛起的红醺。

而另一件木刻作品却让我忍不住笑出声来，那显然是一位疯子的心血来潮之作，找了一块大木头，以最远古的方式在上面打磨终于形成了人的头部，这颇有后印象派之风，因为材质与工具的限制，它不能精致如其他大理石雕出的杰作，甚至可以说，它是那么粗拙。可当我站在那棱棱角角、坑坑巴巴的木人面前时，由衷地感到快乐，我也情愿陪那位创作者一起拿着手中的刻刀，在这木头前耗掉时光：我的汗水混杂着泥土的气味，笑容中融化了杜鹃的歌唱，完工后，我躺在大地上，看着那木像的眼中似乎充满了热带雨林的回忆——回忆里有眼睛亮亮的黑色怪兽，也有半开化的人们的爱。

从初期鸿蒙到返璞归真，我不知道该如何评价这史诗，所以，请容我用一位艺术家的话来做总结："艺术的浪潮总在不停地翻腾，我不知道现在是向上还是向下，但是我知道它永远向前。"

随遇而安

杨煦涵

世事沧海，几浮几沉。佛曰：随遇而安。

——题记

在微微的摇晃中，睁开蒙眬的眼睛。隔着车窗，恍然看见一排老旧的矮楼，夹杂着盘虬的高树缓慢地向后流淌着，一股子熟稔的香火气浸湿在迎面吹来的柔柔的风里，连带着冬日凛人的寒气，渐渐驱散了睡意。突兀地想到了什么，放下车窗，微微支出脑袋向后观望着，任寒风吹乱耳边的长发，眷恋地望着逐渐远去的那栋老楼，那个我曾经生活的地方。

这里原本不是这番模样。

那时候，周围还没有铺上仿古的地砖，只有微微不平的小路在视线的尽头处交错相织。到了秋天，周围的银杏都映黄了双眼，风一吹，随之飞起的叶子似翩翩舞动的蝶，不知道它下一刻停留在何处，却留下身后一道发光的残影。总是可以看到那些孩子，拿着比自己还高许多的树枝，费力地在那棵大白果树下蹦跳着，欣喜地捡拾起偶尔被晃下的白果，但却从不掰断那些大的枝丫。或许就是因为这样，那棵硕大的白果树才可以硕果满满地度过整个秋天。而夏天，本是聒噪的季节，却显得静谧起来。不绝于耳的蝉鸣声日夜不停地唱着，烈日下一切都在蒸腾，倒是把人都弄得倦怠了。到了傍晚，总是瞧得见老人们搬出老旧的藤椅，就这么挨连着坐在街边，那手里忽上忽下的毛线扦子，就这么一针一线地越织越长，日子也被老人们织得瞧出了花样。

那时候，文殊院还不似今天这般热闹。若不是初一十五，是难得瞧见人群熙攘的情形的。平日里只见得稀稀疏疏的几个闲人不时跨进那个木门，或有时一两对年轻的小情侣在长长悠远的红墙下喃喃嬉笑。幼时的我，最喜欢嗅着那股淡淡的香火气，使人沉静，叫人祥和。而最惬意的日子，便是悠走在那略显破败的长墙之下，听着钟声，一个一个地数着脚下的地砖格子。那时候总是觉得那寺庙之上笼罩着一片灰白的雾气，不曾让人生厌，倒是稚时的我，还懵懂地看到了那极度的虔诚，挥之不去，久久不散。

闭着眼深吸了一口寒气，透凉的温度瞬时浸入了全身。而后长长呼出一口白气，再看着它转而盘旋，再转而消逝，好像有些东西，也随着不见了。

今时今日，这里被装扮得像是一个披锦着华的老妇人，就是笑的时候，眼角的皱纹微微漾着，依稀还看得见年轻时候的模样。四周被铺上了平整的地砖，各样的车堆满了扩建的街道。随时来，都是那样的热闹，人们笑着从街边的小店里走进走出，俨然是个忙里偷闲的好地方。卖门票的小窗口前，排起了长长的队，后面的人不时焦急地向队伍的最前头张望，却还是耐着性子候着。而最让人失望的，是那股子香火气里，掺进了太多重腻的食味，任我怎样翻找，也寻不回原来的味道。而那笼罩在头上的雾气倒是没有消散。只是奇怪，人长大了，同样的景，却是越看越不清楚了。钟声又起，脑中却是被扰得微微泛晕。

而转念一想，我是没有理由来埋怨的。一别八九年，我都早已不是原来那个活泼天真、整日只顾嬉玩的孩童了，怎还奢求这幼时的陪伴能原样地等着我回来？从庙里烧了香出来，一个人就四下闲走，本是记不清这周围哪儿是哪儿了，却不知不觉地走到了那段长墙下，这里像是被遗漏的一处尾角，竟逃过了那重新的修葺。心里像是求到了莫大的安慰，时光还是眷顾我的。

这么久了，又一次一个人慢走在这长墙下，伸出手来抚摸那落下了大半的红漆，心里倏地平静了。这八九年来，不知道这里是经历了几轮变换，而这个老人，就任由着换了各种各样的装束。但她依然如此平静，不论身着如何华丽的衣衫，都不时露出朴实的微笑，告诉她那众多散落在各方的儿女们，她一切都好，勿念勿挂。隐约中懂得了什么，是她教会我的。

我们就像一个个糊涂的孩子，总是认为，曾经有过的，就如此风雨不改地陪伴左右。而终于有一天，我们打开自己的百宝箱，发现那些曾经的珍宝，已泛黄老旧，甚至遗失一二，就不止地恼着，像是被现实没来由地扇了一记耳光，还无处发泄。有些时候，连自己也是这样。久了再看自己，总是会被这从不停歇的变化感到吃惊，感到困顿。还好我这个糊涂的孩子，遇见了一个仁慈的老人，她教会我，人生总是变幻无常的，为了那无常的变幻而过分忧心和悲伤，除了让自己困陷其中，便再无其他好处了。日子一天一天过着，过去的事总会变得浅淡，为新的生活腾出空余来，不妨就把那些美好深情的过往，看作一个个交心的老友，不常见，但情深。

依依不舍地离开了那段长墙，往着热闹的地方寻家人去了，恍惚间又听见那个稚嫩的小孩蹦跳在长墙间，笑声银铃般回荡。不自觉地微笑，随遇而安。

又上新台阶

沈祈惠

卷子，把练了多年的琴冷落在一旁，出门时，总选择最快捷的方式，吝啬着那欣赏街景的时间……

偶然间在书店中看到那本淡蓝色封面的《瓦尔登湖》，当随着梭罗来到了湖畔，面对那澄澈的湖水时，我便再不愿离开这恬静、智慧的世界了。

"要按照智慧的指示去生活，过一种简单、宽宏和信任的生活"，原来，那些不必要的东西，放弃些，是一种智慧，一种能够换来简单生活的智慧："轻柔的春雨在湖面化成涟漪，像融化的玻璃已经冷却了下来，却没有凝结。"梭罗笔下的大自然激起我心跳的层层涟漪，让我在快节奏的生活中，暂时回归自然，回归惬意，回到最初的原点。"我要深入地生活，吸取生活中所有的精华"，在孤独的日子里，梭罗并不寂寞，他清醒地思索着，也让我明白，舒适的享受，放弃些，才能沉淀心灵，审视生命。

手上这淡雅的文字，带着朦胧的美，轻敲着心灵里最柔软的角落，沉静中渗透出智慧的暗流，我分明感觉，那个哲学正引领着我走向新的台阶。

不久，我的思绪被电话铃声打断，是朋友约我去市中心。我刚要像往日一样答应，却想到梭罗那放弃城市生活的勇气和超脱，便拒绝了。

我走到楼下的花园，刚下过雨的天空还有些阴郁，看着路边的那块石头，雨水渗到它的裂缝里，完全感受不到它们滑动的痕迹，表面像抹上了一层奶油，腻腻的，却有一种很自然的味儿，那味道像瓦尔登湖的水花漫起层层的涟漪，在我心中一圈圈地弥漫。那柔和的雨珠覆在树叶上，和淡淡的绿韵融合在一起，那性情柔和的水似乎在这自然的绿中沉淀着。池塘中的鱼好像与外界隔绝着，却也抵挡不住这雨带来的生机和活力。我深呼吸一次，想要嗅尽这自然中的清新和宁静……那一刻，我体会到的不仅是一份闲适惬意，更是大自然的那份从容、宽宏和深邃；那一刻，我情愿放弃那些浮华而留恋这份淳朴；那一刻，我才真正追随着梭罗的脚步，迈上乐生命的新台阶。

懂得了选择，学会了放弃，那本《瓦尔登湖》让我又上新台阶，我仍在不断找寻，不断探索，期待着下一个新台阶。

光影微尘

耐人寻味的"路"

郭 雪

汉字中我最喜欢"路"字，因为它的结构及其含义给我许多启迪。

左边是个能够翻高山、越峻岭、足以踏碎荆棘坎坷的"足"，右边是个能够代表千万个"个体"，足以包容无数个"单一"的"各"。古人造"路"字时做何想，我们实在难以清楚地知道。不过，就其结构来看，的确是很有意义的——把"足"放在前头，是否告诉人们："路"，首先是靠人的"脚"踏出来的，如果不奋力举"足"，踏破那重重的艰难险阻，仅仅凭借心驰神往、想入非非是永远到达不了目的地的；把"各"设置在后边，是否意在说明，支配"足"的每一个"个体（各）"，因其理想、志趣的不同，对拥有、使用"足"的态度、做法不同，因而其结果也会不同。正所谓"人生道路千万条，条条迈动不同脚""每个人都有各自的脚，而各自的脚所走的又是各自的路"。

不仅如此，如果再仔细研究一下"路"的结构，还会发现：它起笔是"口"，收笔也是"口"。古人如此创造它，是否又在暗示人们——

一方面，尽管道路有千万条，而且"条条大路通罗马"，每个人都可以根据自己的需求选择不同的人生之路，但都必须先从"入口"迈进，然后再通过不懈的努力奋斗，由"出口"走出。积极的人生，就是这样"行远自迩""由此及彼"，不停地走，走向未来那个无限风光的"出口"。

另一方面，如果在"入口"处徘徊观望、犹豫不决，或者虽然迈进"入口"，但走走停停、东张西望，甚至为眼前的花草景色所迷恋滞留，而不能以积极主动、执着一念的心态奔向前方理想的大目标、大景观，那么，那个曾经的"入口"，就会变为标志落后、记录后退、显示末路的"出口"。是进是退，全凭你自己的心智和行动。

以上所述，是"路"给我的启示。我深知"见仁见智"，路的意义还远不止这些，但就我这个中学生看来，这两方面十分重要：路是每个人必走的，但所走的路各不相同；不论走什么样的路，都是必须从"入口"到"出口"，人生的价值就体现在行进的过程之中。

光影微尘

扬 州 手 记

陈彦林

老　宅

每次回来，老宅都显得很亲切。

这里的东西都和上海的不一样。早上起来的时候是可以听见"啾啾"鸟叫的，听得很清楚，不像是上海轰轰车鸣里夹杂的很隐约的"喳喳"声。中午的阳光比哪里的都暖，就是拉上窗帘，掩上掉漆的老木门，它也还是能从你意想不到的地方钻进来，在房间的瓷砖上投下一块会闪烁的光与影。如果站在阳台上俯瞰繁茂盛开的植物，更是要被阳光完全地包裹住了——不热，暖而安实。下午，不知哪里吹过来微风，搬张小凳坐在风声中，仔细一点儿便能听到微风捎过来的邻里们的苏北话。听不懂，却习惯了。傍晚值得一瞧的是晚霞的色彩——从海蓝到鱼肚白到茶色，再过渡到橙色。在别的地方也许也有这样奇妙的景象，但我却固执地认为，方才说的这些色彩只属于老宅的阳台。扬州的晚上，则真的是晚上了。除了人之外就只剩下醇黑的幕布，一点儿上海的灯光都不沾，睡觉时心里安定极了。

不止这些。

某日早晨，突然决定拍一拍老宅。真正打开照相机，才发现眼前的所有东西，竟然都是艺术品。想拍那个永远在角落里等待我们归来的咸菜坛子（它最忠心，待在那儿十多年了）；想拍阳台上被我扔来掷去的可怜的小石块；想拍那一整排晒在不锈钢栏杆上的棉被（不知用了多少年，盖起来最舒服）；想拍红瓷砖，一格一格的窗户，窗户前面晾着的衣服，和衣服们落在红瓷砖上的瘦瘦的影子；想拍外公院子里养的梅花树、桂花树、含笑、枇杷树一簇簇的叶子（它们都是最乖巧的，即使外公不在老宅，依然绿得惊人）；想拍外公的三个真皮箱（其中一个是最好的工匠手工缝制的，后世几乎不会再有了）；想拍我们不再打理却不可缺少的小池塘；想拍外公外婆1981年和几十个能工巧匠一起亲手砌起来的一砖一瓦……

妈说，你拍了那么多，把老宅拍得太"生活化"了，拖把还有垃圾桶你怎么也拍进去了。我对她撇嘴，说这是我的风格。实际上是舍不得，一个拖把也舍不得。

每次临走都是这样。老宅像是变成了一个跟我有血缘关系或者至深交情的人，以至于我一定要拍"一沙一世界，一花一天堂"，还要把这些琐碎的字眼都拼凑起来。然后责怪自己不能把它完整地带走。因为此次一别，谁知道什么时候还有下次。就算下次再来，我是越来越大了，老宅的一切却是慢慢地旧了、小了。

弄　堂

从老宅的"小桃花源"到外面，要经过很长很长的胡同。

家里人都觉得很不方便，因为那胡同很瘦，蜿蜒曲折，也并不干净。走路总是要踮着脚的。胡同里电瓶车穿梭得极快（小城的"猛"竟是在交通上），常有骑电瓶车的大妈很酷地在只容两人通过的小巷里，擦着斜坡与我呼啸而过。

然而我独爱这条胡同。

小时候总是向往神秘的东西，于是把它当作迷宫，并煞有介事地到处宣扬自己是住在迷宫里的。还能如数家珍地告诉你：出了家门往右走，你会发现有很多户人家都是开着门的，你能听到婴儿的啼哭声，哪家的媳妇用苏北话大声地叫嚷着……还能闻到韭菜炒鸡蛋的香味。到了绿地砖尽头再右拐，以前是有一个留胡子的大伯牵着一只大狼狗的，现在就不知道怎么样了……小跑着过一个公共厕所后再左拐走一段，你可以看到青岛啤酒（扬州）厂，闻到一点儿酒和泥土混合在一起的味道。前面是一个由大排档和烟酒店组成的杂货市场。至此，才通往阳关大道……

时过境迁，然而弄堂变得不多，今年回去还是老样子，只是我觉得弄堂太短了，缩短到像我对老家的记忆一样。

走到一个应该左拐的地方，我突发奇想指着前面从未去过的地方，问妈妈那是哪里？她说，是外公以前当过厂长的制革厂。

我一下子好奇起来，非要拉着表弟去看看。

"你们找不到的，还要走十分钟，过条小马路呢。而且——"妈妈压低了声音，"制革厂早就垮了。那里现在早已是很多杂货店了，都是外来人住的地方了，你别跟外公说，他会伤心的……"

我点了点头，终是没去。

相信弄堂深处，是一片繁华，就像外公记忆里的一样。

行走在文字的旅途上

方巧雁

略厚的书摊放在书桌之上，隐隐有墨香透过薄纸散发出来。不过是四四方方的字，却主宰了无数人的沉浮，牵引着无数人的心。

我喜爱读书，告别人世的喧嚣，走到那不被打扰的宁静当中。诗经、散文、小说、童话，都是我的领土，我与文字追逐，或喜或悲，就像落入了一个巨大而华美的梦中。

我最初接触的文字，是一个又一个小小的故事，就像沿途遇到的风景，有好有坏，却同样让人铭记。我以为读小说就像旅游，足不出户的旅游。会遇到许许多多性格鲜明的人，然后你会发现，试着去了解一个人，是多么的快乐。我喜欢这种过程，从陌生到熟悉的过程。每个人都有自己的故事，一个个故事穿在一起，就变成了小说。有时我会忘了自己，只沉浸于他们的世界，甚至把自己也加入到他们当中，这是一种奇妙的感觉，就好像经历另一个人生一般。

书柜上满满的都是各种各样的书籍，曾几何时，我仰望着它们，希望有一天也能写出如此美妙的文字。老师说，要先看别人是如何写的，再把他们的转变成自己的。那就看吧，看吧，我对自己说。然后就一发不可收拾地沉沦于书籍带给我的愉悦中去，如鱼得水一般，悠游自在。

于我而言，观诗如对镜，可以兴，可以观，可以怨。我喜欢安意如的那句话"《诗经》如彼岸花，即使无法摘取，也一直存活于心。"或长或短的文字，或喜或悲的心情，在世人笔下绽放，清雅成诗，爱淡成词。诗歌并没有想象中那么疏远不可亲近，就好像"举头望明月，低头思故乡"那般，是前世的前世，我们心底曾响过的声音，曾念念不忘的童谣。我总是一个人默读，恍惚间走入古人在诗中留下的幻境，慢慢品味，细细欣赏，不知不觉就豁然开朗。我从古诗中学会自我收敛，慢慢找到自身需求的光亮，和激漩坦白的心境。

若说诗歌是彼岸花，那么散文便如同清风，无处不在，洒脱无束。尤爱朱自清的散文，淡淡的景致在略微泛黄的书册中，一点儿一点儿氤氲开来，让人如临其境，许是因为他有一颗淡泊平静的心，才能写出如此美景。散文的美在于无所拘束，如风一般。我走在路上，微风轻触我的身躯，逗弄我的头发，从耳畔忽掠而过，喃喃细语，留下或深或浅的感悟，走着走着，便如梦初醒。闲暇的午后，小酌一杯清茶，细品一篇散文，心思便也同这风一般，渐渐飘荡，似风筝飞散，此时，我便成了追逐风筝的人。从稚嫩到渐渐成熟，从懵懂到开始懂事，它都不曾离开我，而是一直深藏于心。

不知何时，当初伏案的稚嫩少年已然长大，终于有一天，我拿起了笔，借由文字的光束照进内心的角落，将所想、所悟、所感，通过语言的包装表达出来。虽不似大家的名作，却也带着我浅浅的欢喜与初试的激动，文中有情，便也美不胜收。

蓦然回首，却好似昨日之事，历历在目。如今的我，背上行囊，卸下武装，伴着清风与花香，怀着梦想，欣赏着沿途的风景，行走在希望的旅途之上。昨日年华，转眼，已成今日芳华。

倾听爱的声音

距 离

谢慧娟

我与妈妈相距一米，心的距离，一百米。

又是一场不可避免的争吵。妈妈面红耳赤，眼睛瞪得大大的，似乎要喷出火来，将我烧得体无完肤。我倔强地昂着头，直视妈妈的眼睛，毫不服软，声音一个劲地升高。随着一阵风刮过，我的脸火辣辣的，手中的玻璃杯砸在地板上，散落成一朵花。

我与妈妈相距九米，心的距离，九十米。

我漫无目的地换频道，直至姐姐叫我，才磨蹭到餐桌上去吃饭。我毫无表情地盛饭打菜，走到客厅里蜷缩在沙发上扒饭。碗里都是我爱吃的菜。妈妈走过，很轻的一句话："小心噎着。"我动了动嘴唇，但仍一句话不说，昨日的争吵，我仍记得，那破碎的玻璃还在眼前晃着。

我与妈妈相距五米，心的距离，五十米。

满桌的作业折磨着我，头晕晕的，不知第几次掐自己了，妈妈捧着牛奶进来了。轻轻放下，不温不火地开口："早点儿睡。"我将牛奶推远一些，继续做作业。

猛地抬头，那杯牛奶早已凝出一层薄膜覆在杯子内壁，杯口上方的几丝热气也不见了踪影，杯子外壁上有着手指触过的柔和的纹路，一圈环着一圈。我轻抿一口，牛奶如甜蜜一般。想想几天前的争吵，内心荡起圈圈涟漪……

我与妈妈相距零米，心的距离零米。

心烦意乱上QQ，准备向好友大吐苦水，却收到一段留言：妈妈知道错怪了你，妈妈也只是为你好，长大了你就会明白的……我忽然觉得心暖暖的，两周前的争吵也记不得多少，忘了为何争吵，记忆模糊了。

妈妈回家了，吓了我一跳："死丫头，在干吗呢？""没什么，看我妈的留言！"我故意加重了语气，妈妈没多大的惊讶："好像是一周前发的吧……忘了发什么了……"我佯怒："什么啊！这么没诚意……""帮我炒菜吧。""别扯开话题啊！""先来搭把手！""妈妈……"

厨房响起了一首和谐的交响乐……

我嬉笑着与妈妈打闹着，这时的我们，心灵零距离。

轻轻推开那扇门

朱梦垣

　　我与爸爸心急火燎地赶到湖南去看生病的外婆。唉，外婆也真是的，生了病不在医院好好养病也就算了，连姨妈请她到自己家里养病她也不去，非要跑到以前那个又破又旧的小屋去。真是有病！

　　我们一下火车就直奔外婆家，几经辗转才找到。那个破旧的小院隐没在姨妈家小楼的后面。我来到门前，眉头皱了一下，嫌弃地伸手去推开那个仿佛连锈都要剥落的门。"吱呀"一声门开了，仿佛是一位老人无尽的叹息。

　　一个破旧却洒满阳光的庭院，几盆开得正旺却又不知名的花草，一把泛黄的摇椅，一位闭目养神的老人，但我仍觉得少了点儿什么。

　　外婆老了，满脸的皱纹，凌乱的白发，消瘦的脸颊，岁月将她的一切都无情地带走了。

一阵微风拂过，她微微地睁开眼，那浑浊的眼神忽地亮了起来。她不可置信地睁大了眼睛。我甜甜地叫了一声："外婆好。"她激动地应了一声，连忙拉过我的手，我的眼神中闪过一丝不悦，因为她的手就像砂纸一样粗糙，但碍于爸爸，我才没将手缩回来。

陪外婆过了好几天，才说服她去跟姨妈生活。随后，我就跟表姐外出旅游了一番。

回到姨妈家之后，才听姨妈讲外婆又落跑了。又跑回那个破屋子去了。这回，我几乎是以百米冲刺的速度跑回那个破屋子去的，大门"哐"的一声被我撞到了一边，外婆看见我，便笑道："回来了，来，外婆这里有你最喜欢的糙米饼，过来吃点儿。"唉，本想冲她发火，可看见她那疼爱的眼神，我渐渐平静了下来，略带不快地问她："明明说好了以后就跟着姨妈生活，为什么还跑到这个破屋子里来？"

外婆像个小孩子一样，委屈而又小声地说："因为这里有你啊！"我愣了，脑海中仔细拼接残缺的记忆画面，却还是记不住。我诧异，外婆已八十七岁的高龄还记得住吗？在那模糊的印象中，我隐约记得那时的我，屁颠屁颠地跟在外婆后面，吵着要吃糙米饼。可，这事已过去了十几年了。

也听姨妈说过，当年，我到江苏之后，她也曾好说歹说让外婆去她那儿住，可外婆却执意不肯，说还是老屋子

倾听爱的声音

比较好。此时此刻，我才发现，那破旧的小屋少了点儿什么：少了我的欢笑，少了外婆的欢笑。

外公在我很小的时候就走了，小得连我都来不及记住他的样子，而妈妈不久也去世了。于是，小时候的我就一直跟着外婆生活。其实，她待在姨妈那儿也一样的孤独，姨妈每天早出晚归，外婆这不适应那不适应的，还不如这破旧的屋子，至少它可以陪伴着梦中的记忆。

我再次推开了那扇门，只不过是小心翼翼地，就仿佛是推开了外婆脆弱的心门，看到了她的寂寞，也许里面也有对妈妈——她的小女儿和我的回忆。眼前，阳光洒在她身上，睡熟的她显得那么幸福，嘴角微微上扬，手中紧紧攥着糙米饼，梦中的她是否也梦到我了呢？我轻轻走进屋，我一下就找到了被子。几十年来，这儿的一切都没变，我轻轻为外婆盖上。岁月的力量是无敌的，它带走了外婆的美貌、外婆的健康，但它永远也不可能带走外婆的回忆——这份只属于她的幸福。

我会用接下来的时间陪着她，我会用我的温暖轻轻打开她的心门，让阳光驱散门后寂寞的阴云。

学会在阳光下"晒被"

赵　博

如果说母亲是生命中最温暖的依偎，那么我想说我的父亲也是温暖的源泉。爸爸为我晒被的那一幕，总是让我难忘。

那年冬天，特别寒冷，微弱的小风都会刺骨。

清晨，一抹阳光透过窗户洒进屋里，父亲走出门，脸向上一仰，两眼微眯，表现得似乎阳光很毒一般："好天啊！真是舒服啊。妮子，起来吧！"我早已敏捷地爬起来，收拾好书包，便早饭也不吃地去同学家写作业了。父亲"哎"了一声想叫我，可我早已一溜烟儿不见了。

中午，我哼着小曲回到家时，凉绳上已经平搭了两床被子——都是我的。走到屋里，对父亲说了声："我回来了！怎么光晒我的被子？"父亲只是毫不在意地说了声："我又不怕冷，你怕冷。"

下午，阳光偏西，不知什么时候被子早已挪到新的阳光下，再次和阳光亲吻。

两床宽大的被子被一团温暖笼罩开来，让人有种无法拒绝的青睐。

黄昏，我再次回到家中，凉绳上已空荡荡，被子已被乖乖地降服在我的床上。

深夜，我躺在被窝里，闻到了阳光温暖的气息，闻到了父亲那浓浓的温暖，这种温暖让人无法言语。我舒适地享受着，一会儿便进入了梦乡。

半夜口渴，到外屋来喝水。我听到了父亲梦中不平缓的喘息，时而带几声鼾声。打开灯，父亲蜷着身子缩在棉被里，被子裹得紧紧的。我心里涌动着父亲白天的话——"我又不怕冷，你怕冷。"

我轻轻拿走父亲上层的棉被，将白天晒好的棉被盖在父亲身上，在其两侧掖了掖，便关上灯回屋了。

换过来的棉被虽然很凉，但我的心却被暖得发烫。

从那以后，我每天都等父亲走后偷偷晒上被子，在父亲回来以前给他铺好，我只是想把父亲给我的温暖加倍回赠给他。

今后的夜晚，夜里不再听到父亲急促的鼾声。夜静了，我的心也静了。我相信父亲会在暖海中遨游。

父亲，今后的日子也让我给您带去温暖，由我给您"晒被"！

读　你

严赋瑞

我想我终于开始读懂了你。

有一天我突然发现你的背驼得那么严重。时间仿佛在我看见你的那一刻定格。你站在路灯朦胧的光影里，以一个略向前探的姿势等待着放学归来的我。正感奇怪，我走到你身旁，才知道是岁月使你的身体变得僵硬，是岁月扭曲了你的背部。小时候，我在窗边目送你去买菜，你脚步如飞，轻快而坚定，仿佛一把剪刀"嚓嚓"地剪开了大地，那时你的背挺得笔直。现在你走在我前面，你不再挺拔的身体给了衣服一个夸张的弧度，那弧度撞得我的心钝痛。

能告诉我你等待的姿势中凝聚了多少温柔的关切吗，我的外婆？

有一天我突然发现你习惯了凝望。我背着书包走出很远，回头，你站在庭院中注视着我，很远，却让我感觉很近。你的眸子再没有了往日的神采，你的眼角耷拉着，你的脸庞被岁月犁出了交错的皱纹。我说："外婆，你回屋吧。"你不语，点点头，却仍停留在原地。不知为何，你脸上有了一丝满足的神情，仿佛只要凝望我走完这段楼梯，就知道我一切都好，就会感到平安喜乐。我不解。我走到拐弯处，你才悄悄地离开。

能告诉我你的眼神中有多少深情的坚定吗，我的外婆？

有一天我突然发现你并不是那么力大无穷。你执意要替我把书包背上楼梯，我不肯，说："平时不都是我自己背上来吗？"但你很坚决，把书包拽过去，说："你不是手里还拎着东西吗？我来吧。"只见你摸索到一段扶手，一只脚抬到台阶上；你抓紧了扶手，另一只脚又颤颤地抬到台阶上。你鬓前的一缕白发像秋天树上的枯叶一样摇晃着。这时楼道里的灯已打开，你的脚一颤，身后的影子也跟着一颤。沉重的书包使你的背更驼了。到门前，你笑了笑说："人老啦……"

能告诉我你的肩膀凝聚了多少爱的力量吗，我的外婆？

我终于开始读懂了你深沉的爱。在你的每个细微的动作里，都凝聚着爱，胜过千言万语。

外婆的红烧肉

张澜馨

久违的雨，在窗外淋漓地下着，红泥小炉，一缕岚烟。一支笔，一痕卷皱的叹息，折叠的心迹，将在滚烫的叙述中渐渐舒展。

外婆，天堂的路好走吗？

外婆去世约莫有四年了，可现在想起她来，眉眼清晰得依旧如同昨日才相见。

外婆生前很爱把手重重地压在我的头上，那般用力，仿佛倾覆了全身力量；然后再用力向后"抚摸"。我不知道她那样用力的动作能否称作抚摸。那般粗糙的手，全是老茧，像一块用久的干抹布，扎得短头发的我生疼，因此我心中不满的苗子也开始潜滋蔓长。

但是外婆做的红烧肉好吃至极，所以心中的不满也只能往下压。红烧肉固然很好吃，但做却需要很长时间。也很麻烦，做的前一天外婆要蹒跚地拄着拐杖去市场亲自挑选上好的五花肉，然后把它们切成精致的小块先在滚水里过一遍再放入砂锅里，加入各种各样的佐料用小火慢慢地煨。

所有的事都由外婆一个人完成，她不许旁人插手。接下来她便会搬个小凳子坐在火炉旁，拿把蒲扇慢慢地扇着。阳光洒在她的脸上，洒进她的皱纹里，她不笑，但脸上却可以看到满满的幸福。

四个小时后，红烧肉就烧好了，未见其物，先闻其味。纯正的肉香与各种佐料的香味飘入鼻中，任谁都禁不住垂涎三尺了。那满满的一碗红烧肉上面铺着一层薄薄的红油，褐红的肉浸在香甜的汤汁中，每块肉上都好像裹了一层晶莹滑润的膜，每一块肉都好像在昭示着它的美味。

烧好了红烧肉我总是第一个吃，夹起那软软的肉放入口中，入口即化，细细的肉丝绕在唇齿之间，好像是肉丝在搅拌舌头，而不是舌头搅拌肉丝，五花肉里面肥的部分已经被熬掉了，变成薄薄的一层膜连在瘦肉之间，更增加了瘦肉的韧性。有些肉被煮得松散了，肉丝间裹着汤汁，轻轻一咬，汤汁夹着肉丝就滑到口中，香气蔓延到整个口腔。肉吃完后，汤汁我也不放过，浓浓的肉汤滑而不腻，口感极佳，咸中掺香，香中掺甜，三种味道掺和在一起，变成一种从未尝过的鲜美味道，咽下去，仿佛食道里、胃里都长满了味蕾，可以一直感受到它的香。

每当我吃得稀里哗啦时，外婆总在一旁笑着看我，双手绞着围裙，嘴笑得咧到耳根，满脸的沟沟壑壑也愈加清晰起来，又伸出她那"抹布"手想要摸我的头。我一缩，她的手落了个空，她尴尬地闭上嘴，转身进厨房去。

外婆，现在你走了，我才明白，你抚摸我时，为何那样用力，你做的红烧肉为何那样好吃，这是你独特的传达爱意的方式啊！天知道，我有多后悔，我多想再吃一口你烧的红烧肉，哪怕一口也好；我多想再让你摸一下，哪怕一下也好；我多想再看你一眼，哪怕一眼也好……

只希望，来世，我还能做你的外孙女，吃你做的红烧肉，享受你的抚摸，和你一起坐在夕阳里的小炉旁，轻轻地摇着蒲扇……

寻 常 美

龚子欣

灯塔之所以美，因为它是信念，是暮色中的一抹亮丽；蜡烛之所以美，因为它是光明，是冲破黑暗束缚的勇士；太阳之所以美，因为它是温暖，是恒久不变的希望！

——题记

冬日的阳光总是懒洋洋的，还不到六点就早早地回家歇息了。这倒也难为我了——每天都得踩着漆黑，借着微弱得似乎吹一吹就要灭了的路灯，半摸索着回家。心中甚有些不快，虽说家离学校不远，但妈妈却也不愿接我，几番求她，她愣是推脱着让我自己走回家。无奈，也只得如此。

我背着书包，低着头，双手插在兜里，有一脚没一脚地踢着地上的小石子，书包带子耷拉着，拖在后面，随之一晃一晃地，有节奏地碰撞着我的身体。因为没什么车，所以大可不用顾忌，只顾着低头想心事。寒风刮过，凋敝的枯枝丫"唰唰"作响，伴着敲击着窗户的"咚咚"声，在我听来，倒有些说不出的诡异。我反射性地缩了缩身子，拢拢敞开的大衣，故作镇定地加快了步伐。

其实不是我胆子小，是这情景这声音着实有些吓人。打了个寒战，不敢多想，只顾往前走。泛黄的路灯光将枝丫的影子拉得很长很长，不知怎的，在我看来，这些影子倒有些像手舞足蹈的妖魔鬼怪。周围一片安静，不，是寂静，时间像静止一般，不再流动，不然怎会如此静寂呢？

偶然一抬头，一缕光将我的心房彻底照暖、照亮。那是从我家厨房中投射出来的。刹那间，觉得那灯光好踏实、好安心。灯光并不亮，是橘黄色，但是却足以让我感到周身温暖。其实说起来，和路灯的颜色也相差不远，但家中的灯光终究是能暖到心窝里的！那是因为我知道会有这样一盏灯在万家灯光中单单为我留着，像灯塔，像蜡烛，更像是太阳。不用担心它何时会灭，不用担心灯下的人儿是否依旧守候在那儿。因为我懂得，那盏灯光是我黑暗中摸索的信念和希望！

恍神间，觉得灯光好美，它似乎不再是干巴巴的不起眼的灯光，而是一位灵动的充满聪慧的女子，袅袅婷婷，一颦一笑间尽是别样风情。

此刻的我已不再害怕、不再孤单了，有的只是温暖和沉静，我知道我的努力的动力和幸福来源于何处了。

何谓"寻常美"，我想，我已找到答案，不必追求大起大落，不必追求"生如夏花般烂漫，死如秋叶之静美"，朴实如灯光一般，也会是人生中不可或缺的美丽。

这，就是寻常美吧!

父亲的酒瘾

张蕴璐

每次归家，望见餐桌旁那一列青岛纯生，便明白，父亲是有话要跟我说了。

父亲是喝了酒，才能跟女儿谈心的人。

平时，父亲总是一副不显喜怒的样子，事多，话少。记得初来深圳时，父亲一个人带我，上完夜班还要去菜市场买菜，再回来给我做早餐，送我上学。有时我看着他好像连吃早餐的力气也没有了，手肘撑在腿上，脸埋在双手里，间或，用布满血丝的双眼看一看时间。

他那时一定很累，很累。但他只是沉默着，沉默着担起一切。

所以想听他的心思，需要酒为媒介。

两杯下肚，父亲开始谈我的学习。大部分的话，如录音般，从小学，一遍又一遍地放到现在。"要吃苦""考试成绩是次要的，重在发现自己的缺陷，总结自己""压力别太大，爸爸对你有信心"……在他眼里，我好像一直是个需要他悉心指导的孩子。

两瓶喝尽，父亲开始计划我的将来。有时候，他嚷嚷着要练英语，要不然以后跟女儿到美国定居了怎么生活呢？有时候他又觉得我应去上海工作，离家乡近。这样他就可以跟母亲住在家乡，那儿亲朋好友多，热闹。可转念一想家乡冬天太冷，母亲会生冻疮，父亲便又替我规划去香港工作。每次面对这些话，我都是心虚的，父亲见状又说："你长大若实在不行，你爸就不退休了，继续上临床，当老专家！"

再多灌点儿，父亲便开始缅怀过去了。他红着脸，耷拉着眼皮，醉醺醺地用筷子敲敲盛满菜的瓷盘子，含混地说："这种菜，我小时候，过年才有得吃！我上学，那书包，是你奶奶用香烟盒子粘的……你说你现在，过得好不好？"我忍着笑点头说好，他就颇有几分得意地笑了。

喝酒，父亲只喝三四块一瓶的啤酒；藏酒，他只藏最低九十多元的一九九五长城干红。一九九五，是我出生的年份。这是生于江南的父亲——带着或欣慰或伤感的心情——在储备着他的女儿红了。

酒瘾，父亲永远也戒不掉。因为他瘾的并非是酒，而是那份浓得化不开的亲情呐。

多带一点儿爱

张萌臻

天气已渐渐走向寒冷的尽头，仿佛要将世界冻得坚不可摧。马路上的人们缩着脖子，瑟瑟发抖，匆匆赶路。每到这时，母亲总是唠叨："多穿点儿，别冻着。"而我总会皱皱眉，不耐烦地抛下一句："知道了，我不冷。"

今年的冬天，我第一次离开母亲，独自在外对抗寒冬，耳边自是多了几分清静。然而每当我收拾东西返校时，母亲又开始了："多带点儿，带上袄，外面冷，要穿厚点儿。"过了一会儿，母亲见我没搭话，以为是默认了，于是，她便有些小欢喜地走来走去，嘴里不停地念叨："我得给你带上几个苹果，你喜欢吃零食，嘴里没点儿东西可不行；我还得给你带上几盒牛奶，吃饭时喝一盒，可好了；还有毛衣，多带几件，那里水凉，你别洗，带回来我洗……"

"好了！"我喝住她，"我要带什么我有数，这么多，我带着怎么爬七楼，你想累死我啊！"不愿意返校的我心情很糟糕，自然不会给母亲好脸色看。

母亲悻悻地闭了嘴，只是坐在那里，过了一会儿，竟笑了，说："不带不带吧，别不高兴，你需要什么，我们去给你送。"

倏地，眼睛竟然有些模糊，我只是闷闷地答了一声："嗯。"

在校期间，给哥打电话，一向不细心的哥却问了我一句，"你在那儿冷吗？"我有些莫名其妙地回答："不冷啊，怎么啦？"哥哥回答说："没事，咱妈老是念叨你，嫌你不多带点儿衣服，每天晚上等你电话等到十点多。"我似乎懂得了母亲的苦心，但这之后，愧疚感动一起占据了我的心。多带点儿又怎样呢，即使爬到七楼会很累又会怎样呢，就算是为了让她安心。母亲让带的，是她的牵挂啊。

又是一次返校收拾东西，我对母亲说："妈，你把苹果洗洗我要带上哦，还有衣服、牛奶什么的，我都要。"母亲听了，一副受宠若惊的样子。她又开始念叨了："是啊，多带点儿，多带点儿，在那饿不着，冻不着，才能好好学习呢。"她边说边麻利地帮我打包，手脚似乎也轻快了，眼里有着异样的神采。我站在一旁，也默默地附和："嗯，多带点儿。"

多带点儿，孤独在外的浪子，将母亲满满的爱全背在肩上吧。让母亲少一份牵挂，多一份松畅。

多带点儿，独自生活的浪子，将母亲厚重的爱全披在肩吧，这个冬天，你将不再寒冷！

用心抚摸爱

张 杏

抚摸着眼前盛开的一簇簇金黄色的油菜花，我的泪很快流了下来。

我清楚地记得，一年前，奶奶带着我来过这里。她说这里是一幅完美的图画。想想那时我真的很幼稚，竟嘲笑她太老土："一片油菜花就让你美得置身于世外桃源。"奶奶却笑着说："傻丫头，油菜是个好东西，春天开花看着美，秋天收获挤油吃着香，秸秆做饭烧着旺，人要活到油菜花这个份上，死了也高兴。"

"奶奶。"我嗔怪地说，"不许说死。"

自从爸爸妈妈到远方打工之后，我就与奶奶朝夕相处。生活的操劳与艰辛，白内障的老毛病折磨得她的视力一日不如一日，到最后发展到眼前一片灰蒙蒙的。但她始终对生活充满了希望，每到春暖花开的时候，总拉着我

倾听爱的声音

的手到田野里去。"谁说我看不见，我是用心看。"奶奶抚摸着盛开的花儿，一遍又一遍，摸得那么仔细，那么兴奋，那么幸福。就这样，我和奶奶，手拉着手，一起走过一片又一片草地，摸过一朵又一朵鲜花。那一次，我们都很开心。

我还清楚地记得，每逢星期天到野外抚摸花是奶奶和我的心灵之约。她每摸到一朵，总要夸几句。我什么也不懂，听到奶奶夸赞就想去摘。奶奶常常会制止我，说："正是它们漂亮才不要摘，这样以后我们来了还会有，不然以后就没有了。"奶奶满脸写着严肃，我吓得赶紧住手，我不想失去和奶奶一起摸花的机会。时间久了，我便肆无忌惮起来，摘花成了我偷乐的一种"癖好"。仅有那一次，是奶奶打我最重的一次，她用拳头，使劲揍我的小屁股蛋子。但那一次，打过我之后，奶奶紧紧搂着我，哭了，哭得很伤心。

如今站在这里，景象还是以前的样子，没变。风吹过来，还是那么凉爽，风里裹着各种花的香。可是，我却固执地认为其中少了一种特别元素。我缓缓走在草地上，脚步很轻很轻，因为奶奶说过这里的草有灵性很可爱，我害怕踏坏它们。一些花进入了我的视线，我蹲下身子闭上眼睛，轻轻用手抚摸它们。我猛然睁开眼睛，我明白了！空气中缺少了奶奶的味道，缺少了幸福的味道。我又闭上了眼，仔细地抚摸着它们。感觉仿佛是拉着奶奶的手，一起抚摸着它们，我笑了。

奶奶早已撒手西去，空气中奶奶的味道也去了，我怎能不难过流泪呢？

"孩子，去叫一声奶奶，她一定会很高兴的。"爸爸泪眼模糊，泣不成声地说。我站起身，望着奶奶木然的眼睛。突然我看到在她的眼睛里闪烁起明亮的光，从她的眼神里，我仿佛觉得奶奶就要回到我们中间来了。我慢慢地走过去，轻轻地依偎在奶奶的怀里："奶奶，我们想念你，我们爱你，希望你早日康复。"奶奶僵硬的双手抽动了几下，两行热泪流到了我的脸上，融进了我的心田，那么甘纯，那么清新。

奶奶就这么走了，带着她对花的喜爱，在万花盛开的时节走了。不久，就有小伙伴们说，村后田野里有一只奇怪的蝴蝶，经常在午后出没，从这一边飞到另一边，动作又快又美。它能做各种各样奇妙的动作，翻滚、飞跃。小孩子的话不足信，不过从那以后，确实我在梦中见到了奶奶在黄金般的油菜花丛里，抚摸着，微笑着，不过年轻了许多。

如果有来世

马　骁

> 您没有离开，只是搬去天堂住了，那不是世
> 间又少了一个疼爱我的人，而是天堂里多了一个
> 保佑我的人……
>
> ——题记

最终告别的时候，我给曾外祖母磕了三个响头，很
虔诚地。一想到以后来外婆家，再也不能大声喊"老太"
了，心里就特别酸楚。但想起老太留给我的记忆都是温馨
又快乐的，心就渐渐放松了，好像被热的水浸过一样。

当我很小的时候，我的衣服就是老太给我做的。像
肚兜，农村讲究用百家布做，我看着肚兜上五颜六色的花
布，眼前就浮现出老太拄着拐杖，挨家挨户讨要碎布头的
情景。老太那时已经八十多岁了，眼睛也不太好，她却

坚持要别人帮她穿针引线后自己缝制。我那五六件肚兜，老太是花了多少个夜晚，用了多少心思一针一线给我缝的啊！每一针都饱含关爱，每一线都凝聚心血，每一件肚兜都沉甸甸的，装满了爱。

稍大些后，每次去外婆家，老太都给我准备了点心，这些零零散散的吃的，对我来说都是极其珍贵。有时是几颗水果糖，有时是一把糖炒花生，有时也许是几只桃子……有一次，老太悄悄把我叫进她的屋子，掩上门，把藏在身后的手摊开，掌心里有几枚花生糖。我拿过一枚，触到老太干瘪的手，她的手黄巴巴的，瘦骨嶙峋，布满青筋，凸起的骨头甚至硌疼了我。

"丫，吃呀。""嗯。"我剥开糖纸，把糖放入嘴中，沉郁的香味弥漫开来。

"甜吗？"

"嗯，甜！"

甜，真甜。甜在嘴里，甜到心里。

眼睛忽然就湿润了。

…………

我看过老太很多照片，我也照过许多照片，只是，我们从未合过影，一张也没有。真的很遗憾。错过了，就是永远失去。

老太，你怎么说走就走了呢？只是一次小感冒而已啊！怎么……之后的某个夜晚，我再也抑制不住，大哭一场。老太，你为什么不等我长大，买一架大飞机带你环游世界，看看你从未看过的风景呢？为什么不等我挣了钱，给你买个暖脚炉，那样的话你就再也不会在冬天里冻裂了脚？为什么我不能快快长大，好用成熟的臂膀挽起虚弱的你？太多的为什么，太多的悲伤，太多的遗憾，如今思念的味道只能自己品尝，再也不能与你分享。

…………

看着一铁铲又一铁铲的土将老太的骨灰淹没时，我没有哭。我相信她并没有离开，只是搬去天堂住了。那不是世间又少了一个疼爱我的人，而是天堂里多了一个保佑我的人。

如果有来世，我还要做她的孩子。

——谨以此文献给我在天堂里的老太

每个母亲，都不平凡

段子悦

早起，阳光晕染着发丝，世界在面前忽然变得有些模糊。带着金黄色的光泽，起身，去到阳台，看见妈妈坐在阳台的一角，悄悄地洗着全家人的衣服。淡淡的阳光让妈妈一下下弯腰搓洗的动作显得更加柔和，我心里不禁有些愧疚。

现在看来，妈妈似乎无多大爱好，身为职业女性与贤妻良母的她，上班忙工作，下班忙家务，早已成为她生活中永恒不变的主题。清晨，即使天再冷，她也不敢多睡一分钟，早早起来张罗早饭，接着又马不停蹄地赶往单位，面对那一堆堆的报表和数据。

每逢星期天，一家三口都在家，我自然在自己的房中用功读书，爸爸则在书房写他的材料。两扇门一关，剩下的便是属于妈妈的天地——空荡荡的客厅与逼仄的厨房。

也许妈妈只能将她的寂寞当作调料炒进菜里吧。

不经意看到妈妈一个人在厨房中，呆呆地凝视着锅盖上散发的水蒸气出神，我心中难免怅然，心里也想多陪陪妈妈，但功课一紧或心情不爽，我便又疏忽了她的寂寞。

一直以来，都认为妈妈是个极平凡的人，做平凡的工作，过平凡的生活。可当我无意中翻找出她多年前的相册与日记本，才真正了解，原来没有我之前，妈妈竟也是位心高气傲、清新脱俗的女子。

翻开泛黄的纸张，娟秀纤细的字体让我惊叹。妈妈用极其细腻的笔触书写着她的心情与生活，跟随她的文字，我领略了似水江南的百般柔情，一株君子兰的稚嫩幼芽与素淡花朵的细微不同，把学校长亭缠绕为紫色瀑布的紫藤萝清雅的香气，还有连绵细雨所给予她的那份淡淡哀愁，伴随着华丽的文笔，一位带着丁香似的哀愁的女子穿过时间的长廊，慢慢向我走来，带着连绵的细雨和才情。

相册上的母亲，是极为年轻的。漆黑的长发任其自然散落肩头，一袭长裙将她温柔的笑靥衬托得尤为精致，带着青春的朝气，感染着相册外的我。听闻，年轻时的妈妈是极爱玩也极会玩的人，身为文学社社长的她，写出的文章从来都使教授啧啧赞叹，折服于她的才情与细腻。温柔的性情与姣好的容貌让她在学校中也备受瞩目。能写出那样文字的女子，怎可称得上平凡？怎可谈得上平庸？

是什么让她改变，是我的到来吗？让一位才华横溢的女子失去了书写文章的心情，让一位清新脱俗的少女成为一心经营家庭的平凡的妻子、母亲？

相信每一位母亲都拥有过属于自己的青春岁月，在那段最美的时光都拥有着别样的骄傲与不凡，书写着独特的优雅与美丽，为自己而活的她们，敢爱敢恨，毫不畏惧，绝不平庸。可当孩子降生，让她们的身份转变为母亲时，当一个咿呀学语的孩童开始用稚嫩的嗓音呼唤妈妈，她们心中涌动的，定是从未有过的柔情与美丽，让她们甘愿放下自己的骄傲，全身心地去爱自己的孩子，不再有少女的哀怨情怀，取而代之的是一个母亲对孩子、对家庭无私的奉献。母亲们甘愿让当年盛开如花的自己枯萎，为自己的孩子铺开一条通往幸福的道路，甘愿变得平凡，甘愿不去怀念那段迷人的岁月。

我在想，如若张爱玲在花般的岁月拥有一个孩子，她是否还能写出如此迷人的文字，保持那份俯视众生的孤傲游走世界？也许不会，她的骄傲不羁也许在孩子"妈妈"的呼唤声中早会化为一摊柔情吧。

其实，每个母亲，都不是平凡的，她们在用自己的青春与美丽浇灌着我们的生长，甘愿低到了尘埃里，只为我们的未来。她们用自己的不平凡，汇成一条流动的河，成为我们人生路上最美的情感之景。

爱 在 黎 明

仇卢琦

深蓝色的天幕中，最后一颗星默默隐去了。远方，昨夜的云朵像天使划过天际时散落的羽毛。黎明的帷幕在秋虫的鸣啾声中徐徐打开，富有生机。天边的雾霭勾勒出阳光的灿烂，刚出巢的鸟儿展翼向风，奏响了一天中最早也最嘹亮的歌。

——要不要叫醒她？

——再等等吧。

清晨流连在梦的边缘，知觉在暖洋洋的阳光的包围下变得慵懒，躺在床上，等待那真正清醒后的睁眼。就在这时间的罅隙中，耳边传来父母细若游丝般的对话，被我不经意间捕获。一颗爱的石子在那一刻投掷进我原本寂静的心田，泛起层层涟漪。身旁的空气也似乎有了爱的温度，在我的双颊上各印上两个若有若无的吻。我应当是笑了，带着小孩子般的狡黠徘徊在睡与梦之间，贪婪地吮吸这别样的爱。

——现在去叫她吧。

——可是，我看她昨天熬夜到很晚呢。

——那，再等十分钟好了。

我努力地睡着，用一颗敏感的心，去感受短暂的十分钟给我带来的满足。在父母的挣扎和不忍中，我安静地等待十分钟的远逝，安静地等待他们蹑手蹑脚地走过来将我叫醒的那一刻。我满心欢愉地等待着，连一直沉闷的空气也有了玫瑰花香的甜蜜味道，神圣地等待那一刻庄严地到来。我在心里偷偷地想，我一定，一定要装出满足的模样，让他们常年皱眉的眼角在今天开出美丽的花朵。

——去叫她吧。

——可是……

——再不起来就迟到了。

"果果，起来吧。"听见这来自清晨的第一声呼唤，我缓缓睁开惺忪的睡眼，是不情愿的吧。"要迟到了。""哦，我知道了。""睡得好吗？""嗯，还不错。"我伸了伸懒腰，打了个长长的哈欠，露出满足的笑意。"看来今天精神很好嘛。""哦，是吗？"我随口问道。他们得意扬扬地看着我精力充沛的模样，脸上洋溢着孩童般天真的喜悦。"爸妈，嗯……"看着他们难得在疲惫的工作后展开的笑颜，看着他们因被生活所累鬓间生出的点点白发，我的眼角不知怎么沁出了点点泪花。

"嗯？"他们不知所措地看着我的异样，眼神茫然而又充满着关心。"哦，没什么，我去洗脸。"我跳下床跑开，掩饰着我的尴尬。

——要不要叫醒她？

——再等等吧。

每日伴着这样的呢喃起床，爱早已储蓄在心中，满满当当。徘徊在梦的边缘，听一句黎明的呼唤，睁开眼开始新的一天。这样的爱其实是多么隐匿，幸而粗心的我在偶然中发现。很显然，他们爱我，正如我也爱着他们，我们在如潮的暖流中被紧紧裹挟，将爱好好地把握。没有理由，只因为你们是我的爸妈，而我是你们的孩子。我们流着共同的血液，生活在同一个屋檐下。

每当伤心难过或是寂寞离家的时候，脑海中总会想起那段熟悉的对话，给我进取和向上的力量。无论身在何方，只要心中还有着那段温存的记忆，我便似乎又回到那个明媚的黎明，变回过去那个被父母宠着爱着的小女孩儿。寻思间，心中不免又泛起了千层浪。翘首未来，相信我会带着这份永恒的爱，在人生之路上大步向前，不再踌躇。

承　诺

许成琳

在我第七次"义正词严"地拒绝她后，我家这位女人终于爆发："你说我辛辛苦苦生你养你，现在让你陪我遛个弯儿还是热脸贴你的冷屁股呐……"只得换了衣服陪她下楼。没办法，我还真就吃这一套。讨好地帮她拿鞋提衣之间，还成功地赚了一个巨大的白眼。呵，谁让她是我的法定监护人来着。

这当儿的夜静得很。周围的树都在打盹儿，好像是嫌弃我们这两个半夜穿睡衣瞎逛的疯女人。风走过，人慵懒地摇摆，沉迷地沐浴在头顶路灯所形成的锥形光晕里，有些看不清。她牵着我的手，说句煞风景的话我还真有些不自在，然而手上传来熟悉的触感让我想起了小时候。我一直觉得妈妈的手是我迄今为止所接触到的最舒服的手了，温暖，光滑。记得当时还住在城市的平房里，路边没有一盏路灯——那时我最怕的不是考试不及格，而是黑。那次是像往常一样妈妈领着我回家，突然手心没了温度，突如其来的恐惧汹涌而来，巨大的窒息感让我立在原地，想也没想，就开始扯着嗓子大喊，带着哭腔，像是一只被车轧了的小狗，以至于把四邻都给吼了出来，拿着手电对我指指点点："这小孩是不是没人要了……"后来出现的妈妈解释得令人无语，她说她只是突然想起了事情就去了旁边的朋友家！我也曾无数次拿这件事去讽刺她这个母亲多么不称职，却也因为当时她的一句承诺心软——"以后再也不松手了，好吗？"以后的很多日子，她总会在人群中紧紧地牵我的手，十指相扣，我也会因此在熟人面前难为情。她却笑笑："当初答应你，现在也习惯了。"我没想到，这只不过是一个以哄为目的的承诺而已啊。

"呵——"思绪被打断，这声感叹着实吓了我一跳。她却斜着脸看我："胆子这么小？"我揶揄道："呵呵，那就不用再拉着我了吧！"说着便要抽手，谁知妈妈握得更紧，手心甚至出了汗，支吾着："你以为我不怕黑？那时答应你还不是为了要你安心，不然就哭个没完，明明我也害怕的……"我吃惊地看着眼前这个女人，头发随意地绾着，穿着松垮的睡衣，手紧紧地握着我的手。她是我生命中给过我承诺最多的人，她给我最多的期待，最美好的惊喜，只因在我刚来到这个世界时她对自己的承诺，只因在我不安时她对我的承诺，她已为当初的承诺守护我许多年。

　　我牵着她的手，手心摩挲着的触感，让我突然意识到，她已不再如当年一样年轻，她会有越来越多的不安和担心，她会有更多像我以前那样无助的时刻，她会无时无刻不想到我，我会像她当初对我的承诺一样，如爱一个孩子般去爱她，同时她也需要我的一个承诺，需要我的手牵着她。牵手，是彼此的守护，更是幸福的所在。

你若安好，便是晴天

方　圆

1

最近一次看到妈妈哭，是在表姐嫁人的那天。

震天的鞭炮，充耳的祝福，喜庆而热闹。一片忙碌之中，时辰已到，表姐夫把表姐抱下楼。我们都看到，刚刚还红光满面的姨妈，忽然低下了头，紧接着，泪水簌簌地滚了下来。表姐回了头，深深地，久久地，然后，她的妆花了一片。

母女间，没有一句话，只有眼泪，只有低低的哽咽。洁白的婚纱是幸福的开始，也是一个母亲的孤独与不舍。

我感觉到，身边的妈妈忽然捏住了我的手，眼眶渐渐地红开来。

婚礼上，有一个环节，感恩父母。司仪像变戏法似的拿出两个抱枕，图案是新人灿烂明媚的笑容。两个抱枕就给了两对父母，祝愿他们高枕无忧。

我偷偷看向爸爸妈妈，这一次，是他们舒心的笑。

2

和妈妈一起看电视。

妈妈剥了一个橘子，塞到我嘴里。

"甜不甜？"

"嗯，嗯，妈妈你自己尝一下。"

可是，下一份甜蜜还是不假思索地又进了我嘴里。

"妈妈！"

"噢，看着电视，分了心。"妈妈笑。

妈妈，是习惯吧。就像你爱我，总是不由自主地。

我给妈妈削了一个梨。

"喏。"递过去，漫不经心地。

"呀，今天的梨特别甜。"妈妈咬了一大口。

我的心一下子紧了，这只是个普普通通的梨。我忽然想起了妈妈为我削的很多个梨，我经常要抱怨不甜啦，还有一点点皮没削干净啦。

妈妈，以后，你天天都能吃到那么甜的梨。

3

某天，整理东西时，忽然翻出了二年级的作文本。

都是看图写话。我一页一页翻看着，发现几乎篇篇都是优+，只有一篇是优，问妈妈，妈妈笑："二年级时你笨得很，看图说话是天下第一等难事。所以每篇都是我帮你写的，然后你自己抄一遍。这篇呢，是那次我去上海，你爸爸帮你写的，所以差了些。"

隐约有点儿想起来了，那天妈妈不在，只有求助作文不怎么样的爸爸了，他对着那幅图，在桌上伏了一晚，浪费了好几张纸，皱着眉头，改了一遍又一遍。

这样想着，无比的温暖漫上心头。那么后来呢？我开了点儿窍，又看了很多书，终于可以自己拿起笔写了。有时拿了写好的文章给爸爸看，爸爸会摇着头说他不怎么理解，那时，我会得意地笑他肤浅，他总会低着头，有点儿不好意思地搓搓手。

我停止了回忆，起身，倒了杯热水，放在正在电脑前工作的爸爸手边。

4

那个星期天的下午，从不生病的妈妈竟然发烧了。

我赶紧让妈妈躺到床上，自己跑去倒水，拿药，手忙脚乱地，水洒了一路，到床边，杯子又一倾，床单也湿了。

妈妈虚弱地看我瞎忙，忽然问了一句："宝贝，要是哪天妈妈走了，你怎么办呢？"

我擦地板的手停了下来。没有妈妈，我怎么办呢？

我起身坐到床边，"妈妈，你走了，我也走。"我表面说得很稚气，心中却难过地哭了。

"傻孩子，那么美好的世界……"妈妈把头转了过去。

这是我们第一次讨论生死。也许它太遥远，或者太复杂，或者太可怕，反正我没想过。那妈妈呢？她经常在担心，对吗？

那个下午，在我的记忆里出奇地长，却又像只是一瞬。

妈妈从我看到这个世界讲起，讲到我第一次去幼儿园时的大哭和我幼儿园毕业时的大哭，妈妈说，那天，我长大了那么一丁点儿。讲到我们的第一次远行，我的第一篇铅字文，再讲到"天下没有不散的筵席"，讲到一去不复返的时光。妈妈说，她还相信会有很多美好的时候，比如这个下午。

我懂了，妈妈，其实我们有很多话可以一块儿说的。那天你很开心，对吗？其实，有一些记忆，可以超越生死，或者无情的岁月，所以世界才那么美好的。

倾听爱的声音

5

　　在我走过的十六年里，有时，我会感到困惑，有时我会怀疑，我身边的人，是不是真的对我好。

　　但我从未怀疑过你们。爸爸妈妈，谢谢你们这十六年对我的照顾与影响，我明白，这是唯有父母之爱，才可以诠释的无私。

　　我有过很多梦想，有的很大，有的很小。最重要的那一个，是有一天，我可以带你们一起去旅行。

　　其实，更简单些的祝愿是——你若安好，便是晴天，便是那不用打伞的好时光。

在岁月的长河里等待花开

美丽的遇见

刘雨晴

那一年，父亲二十二岁，母亲只有十九岁。他们相遇在一个并不美丽的冬日，却美丽地相爱了。

第二年，母亲挥挥手潇洒地扔下身后气得跳脚的外公外婆，一头撞进了婚姻的殿堂，领证买房办酒甚至生下我，一切干脆利落得让人瞠目结舌，母亲义无反顾。可惜，这段抛弃了所有祝福的婚姻终究没能熬成天荒地老，我六岁那年，母亲带着近乎漠然的冷静在离婚协议书上签了字。

母亲是做财务的，这需要她拥有冷静理性的头脑，而她也确实做到了。母亲告诉我，这辈子唯一一次的张扬，就是和我父亲的相遇直至结婚、离婚，叹息，却不曾后悔。

虽然父母离异，但是对于还太小的我来说影响不大，我在两个家之间来去自如。直到有一天我和母亲偶遇了父亲和一个陌生阿姨，我才真正清醒地意识到分别的意义。母亲一如既往的平静，我却哭得分崩离析。

母亲拉着我，用一种近乎呢喃的温柔嗓音说："我不恨他，我和你爸爸离婚只是因为性格不合。直到我签字那一刻，我们都没有背叛对方。"

我说不出一个字，我不能明白也无法形容这样的爱情，正如我不知道我的左手对右手、右腿对左腿该承担起怎样的责任，其实他们本来就是一个整体，为了彼此，无怨无悔。我唯有感动，我只能轻叹。

我想是我的刻意——总之再见父亲已是几年后一个下小雪的元旦，我正大着胆子放一个烟火。耳边是"啪啪"的爆破声，眼里却只看见从车里走出来的父亲——带着点儿歉意看着我的父亲。大脑有无数个念头飞闪过，但我一个也没抓住。我觉得我的心脏像是这燃着烟火的雪夜，绚烂的火花和冰冷的雪片擦身而过，好像热情和冷漠的一次交锋。我回头，寻找到母亲那温和的笑，最终，感觉那一片缤纷赢得了天空。嘴角扬起曾经那么熟悉的弧度，划开一抹悠远的笑意——掺不进一丝怨恨，我听见自己叫出口的一声"爸爸"陌生而熟悉。

风吹过指尖，凉凉的；眼泪划过脸颊，暖暖的。

那是一段关于爱情，关于成长，关于感恩的故事。第一次美丽的遇见，成就那一生一次的张扬；第二次美丽的遇见，我听见灵魂的轻抚和感叹；第三次美丽的遇见，我明白放手后的云淡风轻。

我记录下这三次相遇。花开缤纷，落叶洒然，如果有一天有人拾得这零落的墨韵，请不要叹息结局的不够美好，因为故事中的每一个人，都感恩着、幸福着那一次次遇见的美丽。

其实我也厌倦过

马珮文

天很蓝，像被蓝墨水熏染开来的白纸。我仰头，眯着眼，漆黑的瞳仁里，水蓝色的天幕有些模糊，似乎掩上了一层蒙蒙的灰。不知怎么，享受着"贵族"般生活的我，面对这清闲的日子，忽然觉得，厌了，倦了。

一杯清茶，丝丝茶香；一室温暖，片片暖意；一盏书灯，点点光明；一篇卷帙，潺潺文字。宽敞的书房，如此寂静美好，可我却无意赏诗，无精打采地托着头，百无聊赖地合上书卷，愁眉苦脸地叹了口气。突然觉得随心所欲的生活度日如年，生活的曲调忽然变得平淡，停留在一个音符上的旋律自然显得无味。一天复一天，莫名地，对一切，生出几分厌倦。

不应是陶醉在冬日暖人心扉的阳光中吗？不应为这难得的假日而大声欢呼吗？不应流连于街巷风景中而忘返

吗？然而这一刻，我却静默了。不明白自己是怎么了，这样清闲无忧的日子为何索然无味。我趴在桌上，耳朵贴着脉搏，心有力地跳动，一个微若蚊蝇的声音不满地叫着：我，厌倦了……

今日起早，闲来无倦意，踱步于阳台。冬日的寒冷在窗户上结下了一层薄薄的水雾，我调皮地用手抹出一个爱心，透过它，一片苍茫中，那幅景象让我麻痹的心猛地一颤——那位年近半百的男子摆好摊子，拿起工具对着坏车一阵捣鼓，那双生了冻疮的手肿得通红；院子里，晾衣台上挂着许多腌制品，一边的妇女已忙起一家的早餐。突然，一个小巧的身影从屋里跑了出来，她端着板凳，伏在灶台上，一笔一画认真地写起来。忙忙碌碌中，天再冷，冷却不了他们炽热的心，风再大，也吹散不了他们凝聚的情。突然有种想要奋斗的冲动，沉睡连日的灵魂渐渐爆发出无法想象的力量。

父亲准备出门了，他吻过我的脸颊，便匆匆地走了。即使在假期，他也忙于工作。我多么想像父亲一般，拥有自己的事业、天地与道路；多么想无时无刻地充实自己，丰富自己。看着父亲工作，我会想到自己的学业。我知道，成功需要努力，更需要一颗不甘平凡、平淡、平庸的心。这算是一直困惑我的答案吗？我厌倦了，对那无所事事的生活；我厌倦了，对那毫无价值的生活……

心变得很平静，一直以来束缚我的枷锁脱离，其实那种厌倦也是一种梦想超越奋进的精神，我们拥有不甘平凡的愿望与信念，想要拼搏，想要奋斗，想要拥有自己的理想人生，我们无法容忍岁月的荒凉，所以我们要用行动去证明，我们终将不平凡！

其实，那段时光里，年轻的我们难免不去厌倦，而那恰好诠释了我们成长的道路。

在岁月的长河里等待花开

185

成　熟

蔡　兰

　　"妈，你看，咱家橘林的橘子就要成熟了。"青峰山腰上的杨子，一手扶在额前挡住迎面射来的太阳光，一手指向不远处的橘林说道，"等橘子都摘下来，一上市，咱家又要进笔钱了。"

　　"嗯……"站在杨子身后的妇女面对着炙热的阳光，轻轻地应道。

　　"妈？"杨子抿抿唇，声音小得像蚊子的叫声。

　　"什么？"站在杨子身后的妇女走上前，和杨子并肩站着，杨子竟高出她大半个头了。

　　"苹果手机最新款的上市了，我同学说功能挺好的……"杨子嗫嚅着，低下头，用脚去踢身边的小石子。

　　"嗯……"妇女仍是轻轻地应道，不带任何感情色彩。

杨子对于妇女冷静的回答有些着急了。杨子想要苹果手机很久了，每次同桌都要在杨子面前显摆他那部最新款的"苹果"，让杨子心里有种极不平衡的感觉。他做梦都想着某一天自己也有部那样的手机，可以好好炫耀一番，挫挫同桌的锐气。

　　杨子双颊憋得通红，右手抓着衣角，平整的校服被抓出一些衣皱来。

　　"妈……那个……"杨子深呼一口气，转向母亲，正想开口向母亲提买"苹果"的要求，无意间撇见母亲已染上白霜的两鬓，杨子愣了一下。记忆中的母亲，不是这样子的啊！杨子心中的母亲，是那个满头青丝，有着爽朗笑容的美丽女子。什么时候，记忆中似乎永远不会老去了的母亲也沾染上了岁月的痕迹？是从父亲去世之后吗？

　　"杨子。"母亲的声音唤回沉思中的杨子。

　　"啊？妈，什么事？"杨子现在已然忘记自己刚提的话题；突然间，杨子有些自责。

　　"很快就是你生日了吧？"母亲疲倦的面容忽然绽放出了笑容。

　　"嗯……"杨子闷闷地回答。

　　"我的儿子很快就十八了呀！长得真快，都比妈妈高这么多了……"母亲的眼中流露出幸福的光芒，那是对未来无尽的向往。母亲伸出手，抚上杨子的脸。杨子抬起头，恰好撞上母亲那希冀的目光。杨子慌乱地避开。杨子现在真想抽自己两耳光。长大？难道长高就能自豪地说自己长大了吗？母亲含辛茹苦地拉扯自己十几年，牺牲了那么多，难道就只为换得儿子的长高？杨子双颊火辣辣的；什么同桌，什么"苹果"，现在已成为令杨子羞愧的罪魁祸首！杨子为自己可恶的索取而自责。杨子突然觉得，自己长这么大，从未成熟！

"杨子，等把橘子卖完，就给你买你想要的那部手机吧，就当你的成人礼。杨子，努力学习啊。"母亲把手放下，望着那片橘林，说道。

"不，妈，不用了……"杨子握了拳，坚定地说道。

"你不是想要很久了吗？"母亲疑惑地看向杨子。

"可是，妈，我想我该成熟了，我都十八了，不是吗？"杨子低下头，羞愧地回答着。

母亲眼中涌出泪水，重重地点了几下头，说："是啊，我的杨子，终于长大了。"

风中，灿烂的阳光下，黄澄澄的橘子反射出漂亮的光芒。又一季成熟的芬芳，将飘进人们甜蜜的心房。

雕 刻 时 光

林上霞

喜欢与时间有关的一切!

很多时候,其实我们不是怀念时光,而是怀念时光中的记忆。回忆是美好的吧,无论是怎样的回忆,很多年以后,都会像是最温暖的诗句。心里最柔软的一处被它轻轻地触碰,朋友说那种感觉叫作"悸动"。

一抬头,看到窗外橘黄色的叶子。柔柔的阳光洒在每一片枯叶上,使它们呈现出暖暖的色调,片片轻轻摇摆着歌唱,努力抓住每一缕阳光,静享爱抚。这场景暖了我的眼睛,湿润了早已干涸的心田。弯腰捡起一片躺在地上静静睡着的树叶,轻轻放在手上仔细端详,每一条脉纹都凝聚着某种永恒。

好多事物,依旧延续,只是时间的潮水退去了,就成了永远,再也无法重复。一些事情,注定要被光阴带走,然后附上一圈一圈的年轮，让我们的记忆开始模糊。

我房间的桌面是浅橙色的，桌上刻着小小的瞬间。看着那些斑驳的、极有质感的字迹，我用手轻轻地抚摸，联想着我自己曾经深沉的叹息。不知道这段旧时光我是怎么走过来的？阳光爬上窗棂，长长的触角延伸到我的脊背上，暖暖的。窗外不知名的自然精灵偷偷地钻进了我的房间，鼻子轻轻地凑在一簇簇花上，那淡淡的香撩得心里甜甜的。午后的风懒散地席卷过桌面，书本和草纸呼啦啦地翻起，我手忙脚乱地捂住它们，热热的。或许这压力让我喘不过气来，所以才会在桌上刻下那句看似轻松的话，那时候，我雕刻了自己最艰难的时光，不知道若干年后再看，又会是怎样的心情？

我想到留住时光的方法——雕刻时光。

往事，只留在这个淡黄色的日子里。无人的角落，是我释放心情的地方。努力想融进人流里，空虚的心在低喃着寂寞、孤单，也许是自己的回忆变成一大片一大片的空白。我想认真地铭记一些事，留住那些曾经的美好。

我喜欢在闲暇的时候趴在桌上，观察自己以前的时光——偶尔雕刻自己的时光。虽然总免不了受到妈妈的责骂，但是，我不想眼睁睁地看着自己的回忆一下下被碾碎，散成水晶般的眼泪。于是，背着妈妈，小心翼翼地雕刻着自己的时光，永远保存着。

一边雕刻着时光，一边挽留着时光。

又 见 花 开

陆秋芸

花开花会落。

岁月的断垣颓壁中，总有执着的风景使然，等待缘分指引，再度绽放。与幸福相逢的人，定能又见花开。

那株本是很繁盛的月季，因生在老屋旁，无人照顾，很久没有再开花了。每日经过，竟也渐渐忘却她的位置。她藏入周遭的树丛中，一声不吭地睡去。或许哪天再开花，就能找到了吧。我在某个清晨，默默地期望着。

父亲早早地载我上学去，定然经过那片老屋。我似乎是从此处开始，重又贴近了父亲的轨迹。父亲总是骑得飞快，窄窄的巷道中像是充满了急促的风，耳畔俨然有它们踢踢踏踏不安分的足音。父亲却总能将我前方的风眼挡住，安稳地骑车。温暖，总是在最奇妙的时候不期而至。

倚在父亲的背后，不由得想起小时候，在楼下的月季花丛中，任阳光筛出窸窸窣窣的日子，那里，是有父亲的身影的。我总会与父亲很默契地将手重叠，去接住那些跌落在花间的温暖。

还记得那天，在老屋边上，偶遇邻居，她冲我们灿烂地笑，远远地望，让人误以为是一树春光的影像。我自然也回她一抹会心的微笑作为回礼，大声地打着招呼，生怕被湍急如水的风淹没。蓦然竟发觉，我的声音与父亲敦实的话语重叠，契合得一如十多年前的那对大小不一的手掌。我下意识地目送邻居阿姨，发觉老屋旁一抹已有人高的树梢立了花苞。

一瞬间，老屋就被抛在了身后，父亲转过头来一本正经地说："你对邻居阿姨用的称呼太生硬了。"大概出于谨慎，父亲很快又回头专心骑车。可在父亲抛来的认真的目光里，有隐在眼瞳后的暖意柔柔地荡漾，与刚才所见花苞的短暂影像重叠，连成一个清晨。那片携着柔光的眸子，溢散着动人的光彩，是云翳上的池水，是池水中柔和的柳絮，在风里荡漾、纷飞。我才意识到，这天的阳光格外清澈熟稔，而老屋的月季又将花开。

几天后，我用凝视幸福的眼，默默注视着绽开的月季。当明媚的阳光停驻心房时，总有些父亲突然慢下来的错觉，恍若听到父亲那殷殷的嘱咐："与人招呼，要绵柔些，你会倾听到人性美好的回音！"事实上耳畔的风依然冒失地乱闯。或许，跟在父亲身后，心，也不再急促。

因了重开的月季，回想起那些美丽的时光。

又见花开，其实又是新的生命了，心的起落一如花的盛衰。我重温着父爱挟来的幸福，也明白，日后新的幸福需要用心应答。风景的执着经不起消磨，珍惜才可常新，何况是爱的风景。

又见花开，又是春光，又与幸福相逢，接纳爱的惠顾，并不断延伸开去……

在岁月的长河里等待花开

《《《

美丽的手掌

陈米果

我静静地站在讲台前，望着空旷的教室、微乱的桌椅。

和煦的微风将窗帘轻轻拂起，落日的余晖令我的心绪飘飞，最终目光落在了一片绚烂的色彩里——

那是一个个参差不齐的掌印，或明黄或深绿，在教室背面的黑板上显得格外清晰。它们并不美丽，甚至有的还笨拙无比，但不知从什么时候起，这些不美丽、不可爱、不整齐的掌印，深深烙在了我心里……

离中考还有两个月，我从班主任那里接到了"办好最后一期黑板报"的命令。望着硕大的黑板上单调的标题，我寻思着如何交出完美的作品。"不如让全班同学来印自己的手印吧，这样既可以填空白，又有创意！"死党提了个绝佳的建议。一不做二不休，有了想法我立即行动，开始调制颜料，万事俱备，我清了清嗓子，转身向全班同学问道："有没有人要来印手印啊——"

鸦雀无声。

因为正值中午，大家都无精打采地趴在桌上，我火热的心瞬间被泼了冷水，只好尴尬地闭上了嘴，收回了笑容。我仿佛听见了一阵嘲笑声，伴随着不屑的眼神。一瞬间，教室里就只剩下风扇吱呀的转动声与颜料的搅动声。

难道，印个手印真的这么难吗？

"我来！"一个清脆的声音响起，打破了沉寂。一位女同学最先从座位上起立，两三步奔了过来，眼中闪动着好奇。我如释重负地长嘘一口气，看着蓝色的颜料慢慢覆盖她的根根手指与掌心……

"啪！"女同学兴奋地拍向黑板，将所有沉睡的眼睛唤醒。"哈哈，好丑哦！"望着那丑丑的蓝色掌印，大家都乐开了，人群中有些许的骚动，开始有人跃跃欲试。"我也拍一个吧。"不知从什么时候开始，一个个身影陆续起立，一声声"我也来"不断响起。我静静地站在一旁，望着那渐渐丰富起来的掌印，眼睛里竟然有了湿意，眼前晃动的竟是那一只只手掌。

接力赛时，难忘这一只只坚定的手；放学时，不舍这一只只挥动的手；闹矛盾时，也是这一只只握成拳头的手；跌倒时，正是这些温暖的手，轻拍我的肩头，告诉我：站起来，加油！

原来这些深深浅浅的掌印早就烙在了我心里。三年同窗、春夏交替，正是这一只只手共同撑起了希望、指向了梦想……

"喂，你自己还没印呢！"死党提醒道。

我笑着将颜料浸满手掌，一步步走向那些美丽的掌印。

一件事让我长大

张文生

什么时候才算长大，没有具体的标准，有人说要到十八岁，有人说要长到一米七，也有人说那得成家立业了才算……我原本不想长大，但能深刻地感觉，有时一点儿挫折，一次经历，一遭远行，都可以是我"被长大"的理由。

我——一个平平凡凡的农村中学生，和生长在地里的一株庄稼没有什么两样，手能接触的除了书本就是镐锄，目光最远能看到公路消失处的树梢头，胆怯的脚步更是从没迈进县城的高楼，这样的不足十四岁的少年，在两个月的漫漫暑假里，竟也要去闯世界跑江湖了，而且初出茅庐去的地方是"三万里河东入海"的海滨城市——烟台。

依托一个远房亲戚的关系，我在市郊的店铺里帮忙打理修补轮胎的工作，由于没有工作经验，只能打打下手，晚上看门。白天，顶着烈日，我拿着各种叫不上名字的工具拆卸轮胎，充气放气，递送用具，清理现场，有时还兼带结算及收费找零，一天到晚手忙脚乱。没用几天，我这个白面书生就斯文扫地，取而代之的是面若酱赤，两手黧黑，肤色糙暗，双目无神。糟糕的是精神生活也很单调乏味，没有电视看，没人聊天解闷，想找本书读竟也像天方夜谭般不切实际。我觉得我们干的是天底下最生硬的服务行业，主顾一律是粗鲁的货车司机，说话不文明，火气大；手里拿捏的是钢铁橡胶，硬得硌手，油污横溅；工作环境昏天黑地，阴天时老天爷黑着脸，晴天时日头毒辣辣的；老板虽然脸色还算好看，但资本家的本性一直在骨子里暗涌着，里面写满剥削的盘算。有时真想一走了事，但前思后想，还是把念头打消了。

晚上，我自己住在门店隔壁的小里间，空间很小，做饭、洗衣、收拾房间，都靠自己干，开始这些都不会，只能硬着头皮做。于是吃炒煳了的菜，穿洗不干净的衣服，睡像猪窝一样的床铺，幸好我吃得有滋有味，睡得没心没肺，没觉得多么不适应。寂寞是难免的，睡前我就会用痴想遐思来打发日子：如果爸爸的身体像以前一样健康，我们一家三口该是多么的幸福！我甚至想，要是把我的胳膊和腿给爸爸换上，我来替他受那份罪该多好啊！倘若将来我当了老板，挣了大钱，一家人也搬到这繁华的城市来团聚……真是"漫思无限好，只惜梦醒寒"。

将近两个月的时光，我与大海咫尺天涯，"面朝大海，春暖花开"的豪气与浪漫不属于我。老天赋予我的只是"眼睛一闭一睁，一天就过去了"的单调朴素的日月。收拾行囊的时候，我的兜里揣进了沉甸甸的三千多块血汗钱。我明白，这是我用汗水挣来的，也是上苍的馈赠。没有这次经历，没有这些收入，我就无以做资本，无以为骄傲。

回到家，我会痛痛快快地喊着："爸爸妈妈，儿子给你们挣钱来了！"

这次经历给我最大的欣慰就是——我听到了自己长大的声音。

在岁月的长河里等待花开

透过云层的阳光

孟卓钺

"别走！"

我以一种近乎恳求的神情抬起头来仰望那片薄情的云。它的边际正以肉眼可见的速度消散成浅浅的雾，道道阳光像刀子将云割开，把头顶的碎片推向远方。

头顶的云离去，纵然有千种不舍，我们还是不得已暴露在刺目灼灼的阳光下了。正在休息的同学无一例外地低下头去，一副副萎靡的样子。

这就是我讨厌军训的原因。我喜爱清凉的阴雨天气，讨厌在烈日下遍体暴晒，我喜爱略显薄凉的清净，讨厌聚众受苦的热闹。我断断不是一个喜爱或者擅长体育运动的人，走起正步对我来说绝对是一种折磨，我的四肢是天生的不协调分子，似乎永远不会把我传达给它们的命令做得完美，就像晴朗天空中的浮云，希望自己能在浅蓝的幕布上留下最标致的痕迹，但总会有几缕阳光将它的形状割裂，或者和水汽打个照面，流出几滴泪来。军训以来我一直感受得非常清楚，但我却不得不努力，不得不服从。

于是我把自己关在只有自己熟悉的世界里，格格不入地用纸和笔记叙那些混沌中偶有的迷梦。

直到那一时刻，似乎没有任何征兆的，事情竟然开始改变了。

"出列！"

教官发号施令，沙哑的嗓音仍然饱含着沙场点兵的威严。我笨拙地赫然站在同学们面前。

"请这位同学给大家演示一下正步走。"

"预备——开始！"

"你这是在看我的笑话吗？你明知道我走得不好，步伐不够协调，还让我踢正步。你你你！"我心里像炸开了锅。

随着教官的口号，我用尽全身的力气，硬生生地抬起了笨拙的手臂和腿！

"昂起头，昂起头。你是我见过的进步最快的同学！从四肢的不协调到现在的步态，时间的掌控，甩臂的频率，整体的气势，都令我刮目相看。大家看看，她的正步走怎么样？！"

一片热烈的掌声。

我的天呐，我真的有这么大的进步吗？我一直恍惚沉醉于自己的失意和愁苦中，根本没有体会到汗水已经演化成可喜的成绩。谢谢教官，你的赞扬和信任点醒了我。

虽然我们的年龄只相差七岁左右，但是身份的差别一直压得我喘不过气来。我渐渐地发现，你威严的气势下也有一双明眸善睐的眼睛和温柔和善的语气。我知道你为什么在休息的时间把我们几位同学叫到操场边，单独练习。您认真地对步伐进行拆解和演示，逐一地让我们模仿和练习。阳光在地面上设置了一道线，把你和我们做了清晰的分割，我们在绿茵茵的藤蔓下，你在火辣辣的阳光中，汗水在你的脸颊上肆意地倾泻。一个踏错的步子，摆错的手形，在你无数次的提醒中得以纠正。歪扭的步态，涣散的摇摆，变化为精神抖擞的军姿，昂首阔步的正步，耗费了你多少精力和汗水呀！

"再见！""再见！"

你洪亮的声音已经不再，甚至有些哽咽。我们在心中默念着道别也充满着不舍。军训改变了我们的步态，改变了我们的意志，也深刻地提醒了我们要相信自己。和你相见也由莫大的苦楚到充满了幸福。

为了防止满眼的泪水纵横，抬头仰望。突然觉得自己是一片淡淡的云，静静地飘荡在天空，穿过原来讨厌的那片叫军训的阳光，柔和地融合成美丽的天空。

怀念有风的日子

马 骁

当梅香隐去，吹来料峭中些许春意的，是风；
当荷色正艳，召唤来蝶飞蜂舞的，是风；当秋风
染尽，带来林间多少蜂蝶的，是风；当银装裹素，
为翩翩雪花饯行的，是风。

——题记

小时候的风柔柔的，软软的，香香的，吹啸在脸上，
仿若春天降临的芬芳，又若大朵的棉花糖压在脸颊上。

小时候的风轻轻地，缓缓地，悄悄地，叫枯叶跳起芭
蕾，叫花朵抹上胭脂，要不然风吹过的花朵怎么总是变得
红艳一些呢？

这样的风，怎能叫人不喜爱、不怀念？

我怀念有风的日子，为了那份清新。小卖铺里有燕子

风筝，龙形风筝，不过我只要一只"老鹰"。接过风筝，稍加拼接，就可以放了。长长地拖在身后，我奔跑起来，风筝随着我的步伐摇摇晃晃地向上飞舞，借助着风势，它愈飞愈高了。我拉着线无拘无束地飞奔呀，飞奔呀，清新的风在我耳畔唱歌，我的白裙子，飞舞的发丝，像一枝雨后清新的荷。蓦地想起一句诗："儿童放学归来早，忙趁东风放纸鸢。"高鼎的句子，当时"鸢"还不认识，念成"鸟"。我们是在田垄上放，天空布满各种"鸟"。有时"燕子"和"老鹰"拧在一起"厮打"起来，两家主人各自为自家的"鸟儿"助阵，使劲拉线，战斗结果要么是两根线扭在一起打了个死结，怎么解都解不开，要么是绳断"鸟"飞，两家落得个人财两空。清新的风呀就这么乐呵呵地看着，笑着，走着。长大后也想放风筝，只是满天的电线根本没有"鸟儿"翱翔的地方。

我怀念有风的日子，为了那份呼啸。老家门口就是一条下坡路，陡得很。我常常会骑着自行车，从那里冲下去，有时还会张开手臂，风呼啸着，呼呼的，好像在为我加油打气似的。衣服被吹得像发胀的气球，人仿若一只大翼的鸟，冲下去的时候，我大有雄心壮志在身之感，一副春风得意的样子。下去之后脑中一阵刺激，然后再来。现在怎么也不明白当时怎么会那么大胆，一不小心就会跌下去的。

我怀念有风的日子，为了那份童趣。冲下坡毕竟危险，放纸船则充满欢愉。我会折出很精致的小船，写上我的名字，像"女王号""公主号"之类。我把它们放进澄澈的池塘，放进涓涓的小溪，放进奔腾的大河。轻轻的风儿呀，带着它们漂流，给它们做伴，它们应该不会寂寞吧。悄悄地，它们就离我好远，好远了。我记得泰戈尔写过《纸船》，是唯美的散文诗，字字珠玑。我的纸船里有我的童年，以及童年的风。很久之后我用锡箔做了一只防水的纸船，煞是精巧，被取名为"童年"，只是没有放走它。因为无风，无澄澈之水。

　　我的童年去了，我的童真去了，那样清新的、呼啸的、轻轻的风也去了吗？我们生活在快节奏的世界，连风也是匆匆来，匆匆去，叫人连片刻都不能挽留。我有各种理由来掩盖，没时间，没闲情逸致，没……可掩盖不掉，我已经失去童年的那颗心了！

　　那样有风的日子，只能怀念。

大雨倾盆，雨后空城

冯语晴

.

收到预录取通知的那天晚上，下着大雨，兴奋过后的我有一种陷入虚无的茫然。雨水噼噼啪啪地打着玻璃，外面是无垠的黑暗，我突然不知道该干什么好。一张卷子还执在手中，书写，却没了意义。

我的初三，在距中考十九天时，戛然而止。

第二日去学校，仍有不谙世事的孩童在草地上纵情奔跑。也有人伏案执笔，苦苦书写，用墨迹描绘面目不清的未来。

昨夜之前，我还同他们一样在成山的书册中迷茫地找寻自己的出路，面临中考的紧张、无奈、兴奋、害怕层层交叠，一次又一次挑灯夜战以期冀换来一个足以愉悦自己的分数。

此刻，我已然置身事外，心中五味陈杂。

越长大，越能觉察时光流逝之快。在我挣脱那个叫"初三"的沉重枷锁同时，我也意识到今后的光阴里再不会出现一段叫"初三"的时光。

时光就是这样，像一位美人，身姿绰约，她自顾地行走，步步生莲，却永不回首。她挥一挥衣袖，不带走一片云彩，而在她身后的人、事、物，却都已作古。

一年里，一步一步沿着当前的教育体制走下去，我仿佛得到了什么，又仿佛失去了什么。终于来到终点时，连自己都没有勇气相信一切都已成为往昔。所有的喜悦、不安、踌躇、疲累在须臾间幻灭，让人不知所措。

就像从小偏爱的暴雨，阴云笼罩一切，叫人分不清是日是夜，雨轰轰烈烈地下，狂风怒吼，落叶、纸片、灰尘在低空急旋。一场雨，带着要摧毁一切的架势。这时，人的心中是会充满敬畏的，甘愿臣服于自然的脚下，情不自禁。

现在，这样一场雨又以轰轰烈烈的结局收场，刹那间雨停、风停、阴云散，动作之干净利落让人猝不及防。我几近窒息。

四周寂静，无鸟鸣。荒芜之上，我独立。凝视间，一片萧瑟。

雨后空气清爽，万物空灵，整个世界透明般的清晰，让人不可置信。

我不知该用怎样的言语来凭吊我不再拥有的初三，该用怎样的情感来回首一个个点灯熬油的深夜？是怨，还是念？

教室里，大部分同学仍在备战中考，看着他们愈发焦急的脸，我似乎是个局外人。如果未接到那个预录取的通知，我也应还是他们中的一员，还在苦苦求索自己的未来。上下课铃声交叠响起，时光匆匆。

晚上，到家，写完作业，不再做什么教辅材料，十点，早早睡下。夜色温柔，月光清浅，我却难以入眠。

不知过了多久，还是起身开了灯，翻出一本旧书，听文字浅浅吟说，嗅墨香的味道。又是夜半时分，窗外传来稀稀落落的雨声，很快转为大雨。放下书，我跑去开了窗，呆呆地站在窗前看雨倾泻，看雨水横扫过无人的街道，思绪万千。

雨终究还是停了，像一切都会过去的那样。大雨倾盆，街道上空空旷旷，无喧扰，无人声。

而我，行在光阴的路上，在雨歇微凉的夜晚，等待下一个雨季。

积 攒 时 光

毕文鹏

　　时光匆忙，日子一日一日过去，转过了表盘一圈又一圈，转过了四季流转轮换。

　　世界寂寥又空旷。多少人都像拧紧了发条的傀儡娃娃，匆忙在城市的大街小巷。人来人往，岁月沧桑。我们在命运的跌宕里沉浮，时光在我们的指隙间流淌。某个静默的时段，我停泊在并不繁华的港湾，细数我走过的那些旧时光。

　　桌脚的金属相框里镶嵌着泛黄的老照片，画面上的少女伏在硕大的红色铁皮玩偶上，笑容干净又爽朗。那是幼儿园的红色铁皮鲸，我记得的。许多年过去，那双颊上的红漆早已脱落殆尽，它却还执拗地微笑着。童年时卧在泛着金属气味的铁皮鲸尾上，曾是我最最喜欢的事情。如今的铁皮鲸再也支撑不住我的分量，却一直支撑着我的心脏保持着那时的简单快乐。多美啊，我攒下来的时光。

几天前回到幼时居住的老房子，在小镇角落漫无目的地踱着，偶然间遇见了小时候再熟悉不过的那台石磨。那是掩藏在小镇深处的一台时光机，瞬间把人带回了多少个昼夜之前。那时候的我总蹦跳着穿梭在镇子的黛瓦白墙间，手里握着数朵干净朴素的花儿——或从芳菲满树的枝丫间撷下，或从绿油油的草丛里撷起，攥在掌心，沁满心的芬芳。时光一走好几年，旧人不复，老巷子却还是当年的模样。我把那段时光珍藏在古朴的小镇，那段时光将在岁月里积淀发酵成为最醇香的佳酿。

箱子最底部，安置着我的那些小画书。彩页的图画间洋溢着公主和小青蛙的故事。我曾俯首在午后的阳台，晃悠着脚丫，凝神在童话的汪洋里泅渡着。我一直相信，故事里的蓝天存在，故事里的苹果树存在，故事里的幸福生活也存在。我小心地将那童稚时光积攒在书箱最底部，亦是深埋在心房最深处。多美呵，我积攒的彼时。

我将为自己的暮年，攒下一生时光。待某时白发苍颜，独坐午后微光，细数此生过往，欢喜悲伤。多美啊，我攒下来的旧时光。

离开是一种思念

刘竺岩

中考后的某天傍晚，我偶然路过初中母校。穿着白色校服的学生鱼贯而出——看来新一届的初三开学了。我看了看他们身上的白校服，素净，安然，转而低头看了看自己身上的绿T恤、牛仔裤，猛然觉得自己离他们很远。

夕阳把我的影子拖得很长，影子一直延伸到校园里。

我忽然想起中考前的那一天，趁着别人在教室里自习之际，我傻乎乎地拿着相机，顺着消防通道走到教学楼的顶层，拍下了操场的全景。记得那天的风拂过面颊，让人一片清爽，天气还远没有达到骄阳似火。也是一个夕阳西下，操场边杨柳轻拂，绿茵场上，低年级的学生们跑跳玩耍；抑或平躺着，仰面望着蓝天；众人之中，还能看到一个还很稚嫩的男生，带着扭扭捏捏的女朋友在操场散步……

我不禁粲然，多像我们刚入学的时候。

从临考这一学期开始，我每一天都在望着倒计时板，盼着早日从中考复习中解脱出来。但是，当我站到顶楼俯瞰操场时，我却猛然感到，快要离开了，解脱，也意味着分别。

那节自习课，我没有回班，一直在校园里漫无目的地走，任时间一点儿一点儿地走，离中考一点儿一点儿地近。

我来到小操场，用双手把身体撑上了双杠，缓缓地悠动。眼前仿佛看见那个冬天，雪还在下着，白茫茫一片。依稀记得自己当时伸手拂去了双杠上的雪，也是双手一撑，不料手下一滑，我便躺在了雪中。那天的雪真大，几乎要把我埋到厚厚的雪中……

一阵鸣笛声起，我猛然回归了现实，怔怔地看着班车缓缓驶出校门，不由得心生哀叹——离开母校一个多月了。

最后的那一学期，大家几乎都是在苦学中度过的。我总想着中考后该用怎样奢华的笔调去书写中考和初中的岁月，总觉得该是大气磅礴或是充斥着别离之苦。

不过中考就是那么平平淡淡地过去了。五套卷子，两天半的时间，就那样轻轻松松地过去了。

结束了，也就意味着要离开。如果说中考前只是意识到要离开，那么这次便是真正的分别。毕业式上，听不见老师同学们在台上涕泪交流的告别声。我愣着坐在台下，眼前尽是过去的一幕幕。我思念着过去，却又摸不到回不去，无力回天，不禁自觉尴尬。

后来，当我一张一张地看同学的QQ相册时，总会莫名地思念相册中的每一个人，复又苦苦回想当时的每一个场景。不过回想起来的，纵使当时是悲伤抑或愤怒，在现在，只化作了嘴角一抹淡淡的微笑。就像《倚天屠龙记》的结尾所说："只记得别人的好处，别人的缺点过失全都忘记了，于是，每个人都是很好很好的……"

离开，或许是一种思念——心中念念不忘的，总是曾经的点滴幸福。

在岁月的长河里等待花开

别样的绽放

尹梓凡

"真奇怪……别的花都开了呢，就这一株……"精致的水晶瓶里静静盛着几株水仙，其他的都陆续盛开了，冰清玉洁，不识人间烟火的傲然模样却又纤弱得让人心生怜惜，那一株光秃的就显得格格不入了，伶仃地垂着叶片依靠在瓶边，低眉顺眼。她拨弄着那株花的叶片，纷乱的心事却像潮水般暗涌。

每一次推开舞蹈房硕大的玻璃门，她就感受到四面无形的压力，猜疑探究的目光砸在她努力埋下的头上，压在她稍显笨重的身体上，压得她喘不过气来。她偷偷瞄着其他人的腰肢，纤细修长的腿，高高束起的发髻之下秀颀的脖子，于是心里有一块地方很深很深地陷了下去。她想转身，她想逃。

她没有基本功。那些老师示范的眼花缭乱的动作在其他人那里是轻而易举模仿，而她笨拙地照着葫芦却画不出一个能入眼的瓢，她的手臂机械而僵硬，摆出的姿势像被施了定身术，她跳的时候不知道该伸出哪只脚，她的节奏永远比舞曲快半拍。在更多的时候，她只是傻傻地沮丧地站在一旁。统一发的练功服穿在身上有点儿紧，比那更让她心头发紧的是射向她的复杂的目光。同情的、不屑的、嘲弄的目光像一把把利箭刺痛她的自尊，似乎听见什么坍塌的声音，发出沉闷无力的声响。她跳的时候还偶尔会踩到舞伴的脚，对方立即发出夸张放大的尖叫，于是其他人条件反射般发出轻声哄笑。到后来，老师指定她和谁搭档，对方就像受了莫大的委屈，嘬着嘴不情愿地嚷嚷。她只低头装作不知道，或者其他人只当她不知道。

她怎么会不知道，一群天鹅之中混杂着一只蠢笨的企鹅是多么可笑，谁都知道她有多无助，她想逃。

她拨弄着那株迟迟未绽放的水仙，抚着沉甸甸的花苞。"其实你很想绽放吧，像它们一样那么好看、优雅、大方。"她默念道。突然间发现这株水仙比以前更舒展了，疏朗了些。它似乎是不受影响的，兀自按着自己的节奏生长开放，很慢，却从未放弃过。它不因同伴的美好而自惭形秽，它在生长，它在努力，它要绽放。

她突然间就清醒过来，她不再站在一旁观望，她学不来一整套动作，就一个动作一个动作的练，她试着不在乎那些讥讽的目光，她还要从最基本的练起，劈叉、压腿、下腰，筋骨是钻心的痛，每一块都像不是自己身上的一样，红肿瘀青骇人地遍布在皮肤之上，疼得连路都走不了。她还不想放弃，她总是最后一个离开舞蹈室，她累到骨头似乎要散架，倒在地上就可以睡着……她不是在折磨自己，她要绽放。

终于有一天，她可以和其他人一样站在一起，在优美的舞曲中翩翩起舞，身姿优雅，落落大方。后来，紧紧的练功服换成了美丽的裙纱，只有台下仰慕赞叹的目光与镁光灯的追逐、闪光灯的照耀，裙摆在舞台中央随着舞动展开，像花儿一样美好。

没有人在乎她怎么样，绽放之前陪伴她的只有空旷的舞蹈房、撕裂般的痛楚和难以忍受的寂寥。她站在舞台上舞蹈，看上去和她们没什么两样，可只有她知道，现在的一切在过去无法想象。她的盛开、她的绽放是她在刀尖上舞出的绚烂辉煌，是别样的绽放。

舞毕，掌声雷鸣，她听妈妈讲，那株水仙开花了，很漂亮……